Komm mit!

HOLT GERMAN 1

Übungsheft

Teacher's Edition
with Overprinted Answers

HOLT, RINEHART AND WINSTON

A Harcourt Classroom Education Company

Austin · New York · Orlando · Atlanta · San Francisco · Boston · Dallas · Toronto · London

Contributing Writers

Rita Abercrombie

Patricia Callahan

Copyright © by Holt, Rinehart and Winston

All rights reserved. No part of this publication may be reproduced or transmitted in any form or by any means, electronic or mechanical, including photocopy, recording, or any information storage and retrieval system, without permission in writing from the publisher.

Requests for permission to make copies of any part of the work should be mailed to the following address: Permissions Department, Holt, Rinehart and Winston, 10801 N. MoPac Expressway, Building 3, Austin, Texas 78759.

Cover Photo/Illustration Credits:
Group of students: Marty Granger/HRW Photo; backpack: Sam Dudgeon/HRW Photo

KOMM MIT! is a trademark licensed to Holt, Rinehart and Winston, registered in the United States of America and/or other jurisdictions.

Printed in the United States of America

ISBN 0-03-065012-7

3 4 5 6 7   018   05

Contents

Vorschau 1

Komm mit nach Brandenburg!

KAPITEL 1 Wer bist du?
Los geht's!.................................... 3
Erste Stufe 4
Zweite Stufe 6
Dritte Stufe 8
Zum Lesen 11
Landeskunde 12

KAPITEL 2 Spiel und Spaß
Los geht's!.................................. 13
Erste Stufe 14
Zweite Stufe 17
Dritte Stufe 20
Zum Lesen 23
Landeskunde 24

KAPITEL 3 Komm mit nach Hause!
Los geht's!.................................. 25
Erste Stufe 26
Zweite Stufe 29
Dritte Stufe 32
Zum Lesen 35
Landeskunde 36

Komm mit nach Schleswig-Holstein!

KAPITEL 4 Alles für die Schule!
Los geht's!.................................. 37
Erste Stufe 38
Zweite Stufe 41
Dritte Stufe 44
Zum Lesen 47
Landeskunde 48

KAPITEL 5 Klamotten kaufen
Los geht's!.................................. 49
Erste Stufe 50
Zweite Stufe 53
Dritte Stufe 56
Zum Lesen 59
Landeskunde 60

KAPITEL 6 Pläne machen
Los geht's!.................................. 61
Erste Stufe 62
Zweite Stufe 65
Dritte Stufe 68
Zum Lesen 71
Landeskunde 72

Komm mit nach München!

KAPITEL 7 Zu Hause helfen
Los geht's!.................................. 73
Erste Stufe 74
Zweite Stufe 77
Dritte Stufe 80
Zum Lesen 83
Landeskunde 84

KAPITEL 8 Einkaufen gehen
Los geht's!.................................. 85
Erste Stufe 86
Zweite Stufe 89
Dritte Stufe 92
Zum Lesen 95
Landeskunde 96

KAPITEL 9 Amerikaner in München
Los geht's!.................................. 97
Erste Stufe 98
Zweite Stufe 101
Dritte Stufe 104
Zum Lesen 107
Landeskunde 108

Komm mit nach Baden-Württemberg!

KAPITEL 10 Kino und Konzerte
Los geht's!................................ 109
Erste Stufe 110
Zweite Stufe 113
Dritte Stufe 116
Zum Lesen 119
Landeskunde 120

KAPITEL 11 Der Geburtstag
Los geht's!................................ 121
Erste Stufe 122
Zweite Stufe 126
Dritte Stufe 128
Zum Lesen 131
Landeskunde 132

KAPITEL 12 Die Fete
Los geht's!................................ 133
Erste Stufe 134
Zweite Stufe 137
Dritte Stufe 140
Zum Lesen 143
Landeskunde 144

Für mein Notizbuch
Lined Response Forms **Kapitel 1-12** ...145

Name _____ Klasse _____ Datum _____

■ Vorschau

1 Geographie!

a. Working with the map on page 2 in your textbook, match each **Hauptstadt** with its **Bundesland**:

1.	o	Baden-Württemberg	a.	Berlin	
2.	k	Bayern	b.	Bremen	
3.	a	Berlin	c.	Dresden	
4.	l	Brandenburg	d.	Düsseldorf	
5.	b	Bremen	e.	Erfurt	
6.	f	Hamburg	f.	Hamburg	
7.	p	Hessen	g.	Hannover	
8.	n	Mecklenburg-Vorpommern	h.	Kiel	
9.	g	Niedersachsen	i.	Magdeburg	
10.	d	Nordrhein-Westfalen	j.	Mainz	
11.	j	Rheinland-Pfalz	k.	München	
12.	m	Saarland	l.	Potsdam	
13.	c	Sachsen	m.	Saarbrücken	
14.	i	Sachsen-Anhalt	n.	Schwerin	
15.	h	Schleswig-Holstein	o.	Stuttgart	
16.	e	Thüringen	p.	Wiesbaden	

b. Which of the **Bundesländer** (German states) have the same name as their **Hauptstadt**?

Berlin, Bremen, Hamburg

c. Using the map on page 3 of your textbook, name three other German-speaking countries and their capitals.

1. Schweiz, Bern 2. Österreich, Wien 3. Liechtenstein, Vaduz

d. Name at least 5 countries that border Germany.

Possible answers: Frankreich, Niederlande, Dänemark, Polen, Schweiz,
Österreich, Belgien, Luxemburg, Tschechische Republik

Name _____ Klasse _____ Datum _____

2 Look at the picture below and write the names of at least five classroom objects in German. Next to each object in your list, write the number of these objects that you see. Follow the model below.

BEISPIEL   die Tafel, 1

Possible answers:

1. der Tisch, 10

2. der Stuhl, 19

3. die Tür, 1

4. das Fenster, 1

5. die Tafel, 1

6. der Bleistift, 1

7. der Kuli, 1

8. das Buch, 1

9. ein Stück Papier, 1

3 Fill in the crossword puzzle with the answers to the math problems below. (Note: in crossword puzzles, the letter ö is spelled **OE**, and the letter ü is spelled **UE**.)

1. 7 − 3 = ___vier___
2. 19 − 6 = ___dreizehn___
3. 18 ÷ 2 = ___neun___
4. 1 × 1 = ___eins___
5. 4 × 4 = ___sechzehn___
6. 11 + 9 = ___zwanzig___
7. 20 ÷ 4 = ___fünf___
8. 27 − 17 = ___zehn___
9. 72 ÷ 6 = ___zwölf___
10. 2.75 × 4 = ___elf___

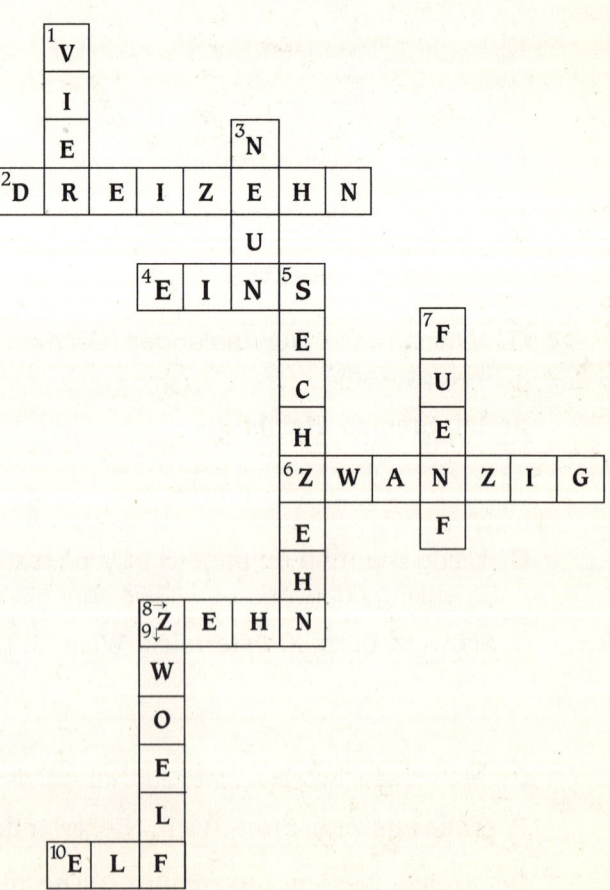

Name _____ Klasse _____ Datum _____

KAPITEL 1 Wer bist du?

■ Los geht's!

1 It's the first day of school. Two students are meeting for the first time. What would you ask someone whom you just met? Look at each picture and create four short exchanges. Use the phrases below for cues.

> Wiedersehen!   Bist du neu hier?   Ich bin ... Jahre alt.   Woher kommst du?
> Ich heiße ...   Hallo! Grüß dich!   Wie alt bist du?
> Wie heißt du?   Ja, ich bin neu hier.   Tschau!   Wer ist das?

Hallo!

Grüß dich! Bist du neu hier?

Ja, ich bin neu hier.

Wie heißt du? Ich heiße ...

Woher kommst du? Aus ...

Wie alt bist du?

Ich bin ... Jahre alt.

Und du?

Wiedersehen!

Tschau!

German 1 Komm mit!, Chapter 1 — Übungsheft, Teacher's Edition

Name _____ Klasse _____ Datum _____

Erste Stufe

2 It's Saturday morning. At the market in Cottbus in Brandenburg, many people are meeting and greeting their friends and acquaintances. Write in the blank the letter of the picture that corresponds to the conversation.

a. b. c. d.

__c__ 1. Guten Tag, Herr Wagner!
        Tag, Herr Siebert!

__a__ 2. Grüß dich, Melanie!
        Guten Morgen, Frau Körner!

__d__ 3. Auf Wiedersehen, Herr Schmitz!
        Wiedersehen, Frau Pracht!

__b__ 4. Tschau, Richard und Willi!
        Tschau, Stefan!

3 Fill in the missing parts of the marketplace conversations to complete the puzzle. (Note: in crossword puzzles, the letter ß is spelled **SS**, and the umlaut ü is spelled **UE**.)

____1____ dich, Hanna!

Tag, Benjamin!

Guten ____2____, Frau Kohler!

Tag, Herr Schmidt!

____3____, Sigrid!

Tschau, Jens!

____4____ Wiedersehen, Herr Müller.

____5____, Frau Ebert.

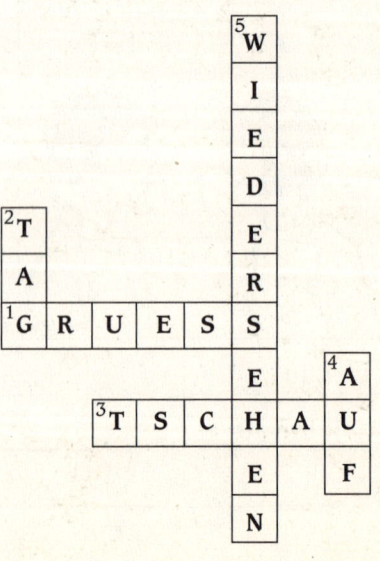

4 Übungsheft, Teacher's Edition

German 1 Komm mit!, Chapter 1

Name _____ Klasse _____ Datum _____

4 Sabine is a new student and is asking Dietrich about other people in the classroom. Fill in the blanks with the appropriate words from the box.

der	heiße	die	das
		heißt	

1. SABINE   Wie __heißt__ der Deutschlehrer?
2. DIETRICH __Der__ Deutschlehrer heißt Herr Kühler.
3. SABINE   __Heißt__ das Mädchen Katrin?
4. DIETRICH Ja, das ist __die__ Katrin.
5. SABINE   Wie heißt __der__ Junge?
6. DIETRICH Der Junge __heißt__ Jürgen.
7. SABINE   Wie __heißt__ du?
8. DIETRICH Ich __heiße__ Dietrich!

5 Complete each exchange with an appropriate word from the box below. Words may be used more than once.

wie	wer	heißt	sie
heiße	nein		das

1. __Wie__ heißt das Mädchen? Julia?   __Nein__, sie heißt Susanne.
2. __Wer__ ist der Junge?   __Das__ ist Martin.
3. __Heißt__ das Mädchen Katja?   __Nein__, sie heißt Margrit.
4. __Wer__ ist der Deutschlehrer?   Er __heißt__ Herr Heinrich.
5. __Wie__ heißt du?   Ich __heiße ...__

6 Another new student, Katrin, is trying to get information from her new friend Johanna about the people in the classroom. Write the missing questions using the question words **wer** or **wie**.

1. KATRIN   __Wer ist das?__
   JOHANNA Das ist der Holger.

2. KATRIN   __Wie heißt die Deutschlehrerin?__
   JOHANNA Die Deutschlehrerin heißt Frau Genzmer.

3. KATRIN   __Wer ist das?__
   JOHANNA Das ist die Monika.

4. KATRIN   __Wie heißt du?__
   JOHANNA Ich heiße Johanna.

KAPITEL 1 Erste Stufe

German 1 Komm mit!, Chapter 1   Übungsheft, Teacher's Edition

Name _____ Klasse _____ Datum _____

Zweite Stufe

7 Circle the numbers from 1 to 20 in this scattergram. Can you find all the numbers? Numbers can run backwards, diagonally, and horizontally.

eins   elf
zwei   zwölf
drei   dreizehn
vier   vierzehn
fünf   fünfzehn
sechs   sechzehn
sieben   siebzehn
acht   achtzehn
neun   neunzehn
zehn   zwanzig

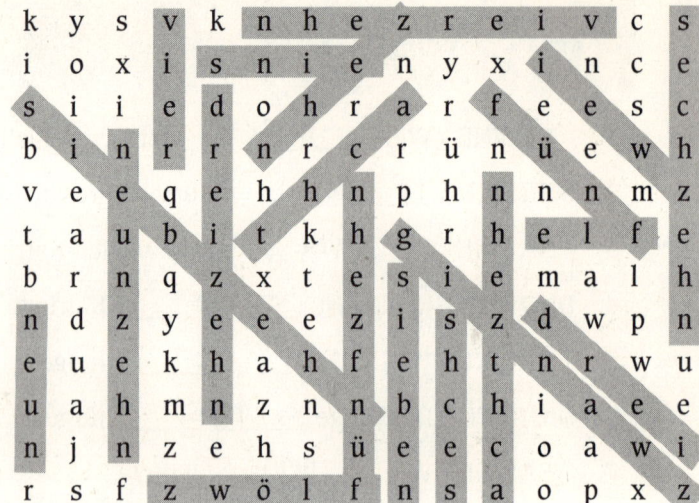

8 Steffi is answering Brigitte's questions about the students in the class. Fill in the missing form of the verb **sein**.

1. BRIGITTE   Wie alt ist der Junge da? __Ist__ er 15?
2. STEFFI   Nein, er __ist__ schon 16.
3. BRIGITTE   Und wie alt __bist__ du?
4. STEFFI   Ich __bin__ auch 16.
5. BRIGITTE   Und die Tanja und Hanna? Wie alt __sind__ sie?
6. STEFFI   Sie __sind__ schon 16.
7. BRIGITTE   Und der Deutschlehrer? Wie alt __ist__ er?
8. STEFFI   Er __ist__ 100!
   BRIGITTE   Das kann doch nicht wahr sein!

9 Complete the questions in this conversation by starting with the verb (**Bist du ...?**) or with a question word (**Wie alt ...?**).

1. JULIE   __Bist du__ 15?
2. MARK   Ja, ich bin 15. __Wie alt__ bist du?
3. JULIE   Ich bin erst 14. __Wie alt__ ist der Hans?
   MARK   Er ist auch 14.
4. JULIE   __Ist__ Gretchen 15?
   MARK   Nein, sie ist 14.
5. JULIE   __Wie alt__ ist der Junge?
   MARK   Der Robert ist 15.

Name _____ Klasse _____ Datum _____

10 Complete the classroom conversation using words from the box below.

ist	du	heiße	bin	heißt	wie	der	ich	bist
					sie	sind		er

1. KATRIN   Wie __heißt__ du?
2. JOCHEN   __Ich__ heiße Jochen. Und __du__ ?
3. KATRIN   Ich __heiße/bin (die)__ Katrin. Wie alt __bist__ du?
4. JOCHEN   Ich bin 15. __Bist__ du auch 15?
5. KATRIN   Nein, ich bin 16. __Wie__ heißt das Mädchen?
6. JOCHEN   __Sie__ heißt Monika.
7. KATRIN   Und __wie heißt / wer ist__ der Junge?
8. JOCHEN   __Er heißt / Das ist (der)__ Christoph.
9. KATRIN   Wie alt ist __(der) Christoph / er__ ?
10. JOCHEN Er ist 16.

11 An English class in Potsdam has sent pictures of its students who are hoping to start a pen pal network with your German class. As in the example, write sentences telling the names and ages of the students in the pictures. Write out the numbers.

Kati, 14

Daniel und Maria, 15

Hanno, 15

Richard, 14

Annette und Jutta, 13

Knut, 15

BEISPIEL   __Kati ist vierzehn.__

1. __Daniel und Maria sind fünfzehn.__
2. __Hanno ist fünfzehn.__
3. __Richard ist vierzehn.__
4. __Annette und Jutta sind dreizehn.__
5. __Knut ist fünfzehn.__
6. Und du? Wie alt bist du?
   Ich bin ...

Name _____ Klasse _____ Datum _____

Dritte Stufe

12 Describe how these people get to school.

> mit dem Rad   mit dem Auto   mit der U-Bahn   mit dem Moped   zu Fuß   mit dem Bus

1. Uli    Uli kommt mit dem Moped.

2. Renate    Renate kommt mit dem Rad.

3. Frau Kuhn    Frau Kuhn kommt mit der U-Bahn.

4. Edgar    Edgar kommt mit dem Auto.

5. Ingrid    Ingrid kommt zu Fuß.

6. Und du? Wie kommst du zur Schule?   (answers will vary)

13 It's the first day of school. Jens and Sigrid have met at the gym and are talking about a new student they see. Put their conversation in a logical order.

A. __8__ So, kommst du mit dem Moped zur Schule?

B. __4__ Wie alt ist sie denn?

C. __2__ Tag, Sigrid! Sag mal, Sigrid, wie heißt das Mädchen da?

D. __6__ Ich bin schon 16.

E. __10__ Ich komme mit dem Rad.

F. __5__ Sie ist erst 14. Wie alt bist du?

G. __1__ Grüß dich, Jens!

H. __3__ Sie heißt Sabine und kommt aus Marburg.

I. __9__ Nein, ich komme zu Fuß. Und du?

J. __7__ Wirklich? Ich bin auch 16.

Name _____ Klasse _____ Datum _____

14 Complete Josef and Jens' conversation with the correct forms of the verb **kommen**.

1. JOSEF Woher __**kommst**__ du, Jens?
2. JENS Ich __**komme**__ aus Erfurt, und du?
3. JOSEF Ich __**komme**__ aus Dresden.
4. JENS Steffi und Karin __**kommen**__ auch aus Dresden.
5. JOSEF __**Kommt**__ der Peter auch aus Erfurt?
6. JENS Ja. Wie __**kommst**__ du zur Schule?
7. JOSEF Ich __**komme**__ zu Fuß. Und du?
8. JENS Ich auch.

15 Where do these famous German-speaking people come from? First find the letter on the map that corresponds to the name below. Then, write a sentence telling where each person is from.

a. Albert Einstein
b. Ludwig van Beethoven
c. Steffi Graf
d. Annette von Droste-Hülshoff
e. Arnold Schwarzenegger

BEISPIEL __Ludwig van Beethoven kommt aus Bonn.__

1. __Albert Einstein kommt aus Ulm.__
2. __Steffi Graf kommt aus Mannheim.__
3. __Annette von Droste-Hülshoff kommt aus Münster.__
4. __Arnold Schwarzenegger kommt aus Graz.__

Name _____ Klasse _____ Datum _____

16 Imagine a new student is introducing himself to you. Write the responses to the questions he asks you.

    STUDENT Hallo, ich heiße Albert. Wie heißt du?

1. DU Ich heiße ... _____

    STUDENT Ich bin neu hier. Bist du auch neu?

2. DU Ja, ich bin neu hier. *or* Nein, ich bin nicht neu hier. _____

    STUDENT Wie alt bist du?

3. DU Ich bin ... _____

    STUDENT Woher kommst du?

4. DU Ich komme aus ... _____

    STUDENT Wie kommst du zur Schule?

5. DU Ich komme mit ... _____

17 Imagine there is someone in your class you would like to get to know, but you're a little nervous about meeting him or her. Use the words in the box to write out the questions you want to ask, so that you don't forget anything when you finally introduce yourself. Write out at least four questions.

> mit dem Bus zu Fuß mit dem Rad heiße bist woher kommst
> bin ich wie aus heißt
> fünfzehn zur Schule vierzehn du kommt

1. Possible questions might be: Wie heißt du?
2. Woher kommst du?
3. Wie alt bist du?
4. Wie kommst du zur Schule?
5. _____
6. _____
7. _____
8. _____

Name _____ Klasse _____ Datum _____

■ Zum Lesen

18 Tanja recently moved from a suburb of Munich to Brandenburg. Below is a letter she sent to her grandmother.

Liebe Oma!

Ich bin sehr glücklich in meiner neuen Schule. Wir wohnen so nah an der Schule, dass ich jeden Tag zu Fuß zur Schule gehen kann. Ich habe schon viele Freunde. Uwe ist sechzehn und kommt aus Brandenburg. Er kommt mit dem Moped zur Schule. Katja ist dreizehn und kommt auch aus München. Sie wohnt auch in der Wilhelmstraße, und wir gehen zusammen zu Fuß zur Schule. Ich vermisse dich und Opa natürlich sehr, aber hier in Brandenburg ist alles echt toll!

Grüße und Küsse,
deine Tanja

a. Answer the following questions.

1. Wie kommt Tanja zur Schule?

    a. mit dem Bus   **(b.)** zu Fuß   c. mit dem Auto   d. mit dem Moped

2. Wie alt ist Uwe?

    a. 13   b. 14   c. 15   **(d.)** 16

3. Wie kommt Katja zur Schule?

    a. mit dem Bus   **(b.)** zu Fuß   c. mit dem Auto   d. mit dem Moped

b. Using the information that you know from Tanja's letter, try to match the following excerpts from it to their general idea in English.

__c__ 1. Wir wohnen nah an der Schule.

__a__ 2. Sie wohnt auch in der Wilhelmstraße.

__d__ 3. Wir gehen zusammen zur Schule.

__b__ 4. Ich vermisse dich und Opa natürlich sehr.

a. Katja lives on the same street as Tanja.
b. Tanja naturally misses her grandparents very much.
c. Tanja lives close to the school.
d. Tanja and Katja walk to school together.

c. Pretend that you just moved to where you live now. Write a letter to a friend or relative telling him or her about your friends at school: how old they are, where they are from, how you and they get to school.

Liebe(r) _____

Answers will vary.

_____

_____

_____

Viele Grüße _____

Name _____ Klasse _____ Datum _____

■ Landeskunde

19 Your teacher has probably told you that the legal age for driving a car is 18 in Germany. Did you also know that it requires many hours of classes with a private instructor, that the license can cost more than one thousand dollars, and requires the completion of a lengthy written exam? Germany is a densely populated country, on average about 583 people per square mile! In the United States, there are on average only 69 people per square mile.

a. What problems might be related to population density and driving a car?

Possible answers: Traffic jams, dangerous driving conditions, air pollution

b. How might the population density in Germany influence the legal age of driving a car?

Possible answers: Because of the crowded driving conditions, the government wants to make sure that drivers have been through rigorous training before they ever get on the highway.

c. Is your state's legal driving age 16 or 18? Has there been discussion about raising the legal age? What reasons might someone give for raising the legal age?

Answers will vary.

d. You may know that in Germany you can drive as fast as you want on many stretches of the **Autobahn**. However, just because you are legally allowed to drive fast does not always mean that you will be able to drive your car at high speeds. What do you think would prevent you from driving as fast as you want?

Possible answers: There are many traffic jams which prevent you from driving as fast as you want to. Also, road construction can prevent you from driving fast.

KAPITEL 2 Spiel und Spaß

■ Los geht's!

1 Imagine you are Student X and you are talking to the students in the pictures below. Fill in your own personal responses in the blanks.

1. Tag, Daniela und Bastian. So, ihr spielt Schach.
2. Ja, wir spielen Schach sehr gern!
3. Ja? Ich finde Schach blöd/langweilig.
4. Wirklich?

1. Ja. Wer gewinnt?
2. Daniela gewinnt immer. Ich gewinne nie. Sag mal, was machst du denn gern in deiner Freizeit?

1. Ich _Answers will vary._ gern, und ich _Answers will vary_ gern.
2. Und was machst du nicht gern?
3. Ich _Answers will vary._ nicht gern.
4. Wirklich? Ich auch nicht!

German 1 Komm mit!, Chapter 2 — Übungsheft, Teacher's Edition

Name _____ Klasse _____ Datum _____

Erste Stufe

2 What activities are the students in Frau Körner's German class doing? Match each picture with the appropriate sentence.

a.

b.

c.

d.

e.

f.

__f__ 1. Uwe spielt Fußball.

__d__ 2. Frau Körner spielt Karten.

__b__ 3. Frau Körners Deutschklasse spielt Volleyball.

__e__ 4. Robert und Steffi spielen Tennis.

__a__ 5. Jutta und Mehmet spielen Schach.

__c__ 6. Hans spielt Klavier.

3 Put a check mark next to the activities you do during your free time. If your favorite activities are not listed here, you might want to look at page R7 of your textbook for additional vocabulary. **(Answers will vary.)**

_____ Fußball   _____ Klavier

_____ Basketball   _____ Schach

_____ Volleyball   _____ Karten

_____ Tennis   _____ _____

_____ Gitarre   _____ _____

14 Übungsheft, Teacher's Edition   German 1 Komm mit!, Chapter 2

Name _____ Klasse _____ Datum _____

4 Use the activities you checked in Exercise 3 to write five sentences telling what you do in your free time. Follow the example below.

BEISPIEL **Ich spiele Karten in meiner Freizeit.**

1. <u>Answers will vary. Possible answers: Ich spiele Volleyball.</u>
2. <u>Ich spiele Karten.</u>
3. <u>Ich spiele Tennis.</u>
4. <u>Ich spiele Klavier.</u>
5. <u>Ich spiele Basketball.</u>

5 Sabine and Kurt are getting to know each other. Complete their conversation by filling in the verb endings for **machen** and **spielen**.

SABINE   Hallo, ich heiße Sabine. Wie heißt du?

1. KURT   Ich heiße Kurt. Sag mal, Sabine, was mach**st** du in deiner Freizeit?
2. SABINE   Alles Mögliche! Ich mach**e** viel Sport. Ich spiel**e** sehr gern Basketball. Was mach**st** du?
3. KURT   Ich mach**e** nicht so gern Sport, aber ich spiel**e** ein Instrument.
4. SABINE   Wirklich? Was spiel**st** du? Klavier?
5. KURT   Nein, ich spiel**e** Gitarre. Der Hans spiel**t** auch Gitarre. Spiel**st** du ein Instrument?
6. SABINE   Nein, aber Gabi spiel**t** Klavier, und Annette spiel**t** Trompete. Ich spiel**e** lieber Schach, besonders am Wochenende. Spiel**st** du vielleicht auch Schach?
7. KURT   Ja, ich spiel**e** gern Schach.

SABINE   Toll!

6 Kurt is talking to Hans about the things he and other students do in their free time. Use the words in the box to complete their conversation.

machst	sie	spiele		spielst		macht
ich		du	mache		spielt	er

KURT   Sag mal, Hans, was 1. **machst** du in deiner Freizeit?

HANS   2. **Ich** spiele oft Gitarre, und ich 3. **mache** viel Sport.

KURT   Wirklich? Was spielst 4. **du** ? Basketball, wie Sabine und Gabi?

HANS   Nein, ich 5. **spiele** Fußball und Volleyball. 6. **Machst** du auch Sport?

Name _____ Klasse _____ Datum _____

KURT Nein. Ich 7. __**spiele**__ Gitarre in meiner Freizeit.

HANS Ja? Katrin 8. __**spielt**__ auch Gitarre. 9. __**Sie**__ spielt auch Klavier. Und der Stefan, 10. __**er**__ spielt auch Klavier und 11. __**macht**__ auch viel Sport.

7 Complete the conversation between Gabi and Mehmet by putting the elements of the sentences and questions into their logical order. Be sure to use the correct form of the verb.

1. GABI Robert / spielen / Schach / gern?
   Spielt Robert gern Schach?

2. MEHMET spielen / Schach / ja / gern / er.   auch / ich / Schach / spielen.
   du / auch / spielen / das?
   Ja, er spielt Schach gern. Ich spiele auch Schach. Spielst du das auch?

3. GABI nicht gern / nein / spielen / Schach / ich.   du / spielen / Karten?
   Nein, ich spiele Schach nicht gern. Spielst du Karten?

4. MEHMET nein.   ich / sehr gern / Sport / machen.   du / auch / Sport / machen?
   Nein. Ich mache sehr gern Sport. Machst du auch Sport?

5. GABI ich / ja / Sport / machen.   spielen / Basketball / ich / Volleyball / und.
   Ja, ich mache Sport. Ich spiele Basketball und Volleyball.

8 Jutta is doing a classroom survey to find out what students do in their spare time. Write the questions she asked the students.

1. JUTTA **Spielst du gern Fußball** ?
   BERND Ja, ich spiele gern Fußball.

2. JUTTA **Spielt Richard Gitarre** ?
   BERND Nein, Richard spielt nicht Gitarre.

3. JUTTA **Was machst du in deiner Freizeit** ?
   GABI Ich mache sehr viel Sport, und ich spiele Trompete.

4. JUTTA **Was macht Katarina** ?
   GABI Katarina spielt Tennis und Volleyball, und sie spielt Klavier.

5. JUTTA **Macht Otto gern Sport** ?
   MICHAEL Nein, Otto macht Sport nicht gern, aber er spielt sehr gern Schach.

Name _____ Klasse _____ Datum _____

■ Zweite Stufe

9 Find the 10 activities hidden in the puzzle. The words run backwards and forwards, horizontally, vertically, and diagonally.

lesen
malen
joggen
segeln
kochen
zeichnen
basteln
schwimmen
tanzen
reiten

j	b	r	n	l	e	t	s	a	b	d	x	e	o	l
g	s	h	i	m	i	m	j	y	x	k	n	c	e	m
n	e	h	c	o	k	r	b	r	z	e	l	s	x	b
x	g	p	k	e	r	t	c	w	n	q	e	p	p	v
m	e	q	v	h	e	m	p	h	k	n	a	m	u	t
s	l	c	k	z	i	y	c	l	o	n	o	w	b	v
u	n	q	k	x	t	i	o	n	e	m	a	l	e	n
m	x	y	w	r	e	v	p	h	t	d	w	p	g	e
b	r	m	o	z	n	c	y	k	d	v	e	w	f	z
s	f	i	t	t	b	s	c	h	w	i	m	m	e	n
j	o	g	g	e	n	m	o	l	o	r	q	a	y	a
r	o	f	h	t	b	k	y	r	t	k	o	p	x	t

10 What do you like to do? What don't you like to do? Write the activities you like to do under the column marked **GERN** and write the activities you don't like to do under the column marked **NICHT GERN**.

Fußball spielen   Basketball spielen   Volleyball spielen   Golf spielen
Tennis spielen   Klavier spielen   Karten spielen   Schach spielen
Gitarre spielen   Briefmarken sammeln   Comics sammeln   wandern
Freunde besuchen   tanzen   basteln   schwimmen
Fernsehen schauen   Musik hören   zeichnen   schreiben

GERN   **NICHT GERN**

Answers will vary.

Name _____ Klasse _____ Datum _____

11 Imagine you are planning to be an exchange student in Germany, and in the application process you are required to indicate your interests. Write at least five sentences in German telling what you like to do and what you don't like to do.

Answers will vary. Possible answers:

Ich spiele gern Tennis. Ich wandere gern, und ich spiele Volleyball. Ich schaue

Fernsehen nicht gern. Ich spiele Golf auch nicht gern.

12 Jens and his friends are discussing their after-school plans. Fill in **wir**, **ihr**, or **sie**.

HANNES Jens, was machen 1. __wir__ nach der Schule?

JENS Hm, 2. __wir__ spielen Tennis. Und Gabi und Steffi, was machen 3. __sie__? Weißt du das?

HANNES Ja, 4. __sie__ spielen Volleyball. Und was macht 5. __ihr__, Georg und Karin? Spielt 6. __ihr__ auch Volleyball?

KARIN Nein, 7. __wir__ spielen Basketball.

13 Fill in the appropriate verb endings to complete Rudi and Stefani's conversation.

1. RUDI Was mach__en__ Jutta und Jens nach der Schule?
2. STEFANI Ich glaube, sie spiel__en__ Fußball. Was mach__t__ ihr?
3. RUDI Robert und ich mach__en__ Hausaufgaben und hören Musik. Was mach__t__ ihr?
4. STEFANI Katrin und ich spiel__en__ Karten.
5. RUDI Kartenspielen find__e__ ich langweilig!

14 Ahmet doesn't like to do anything his older brother Mehmet likes to do. Fill in Ahmet's part of the conversation.

BEISPIEL Mehmet: **Ich sammle gern Briefmarken.**
Ahmet: **Ich sammle nicht gern Briefmarken.**

1. MEHMET Ich spiele gern Tennis.
   AHMET **Ich spiele nicht gern Tennis.**

2. MEHMET Ich mache gern Hausaufgaben.
   AHMET **Ich mache Hausaufgaben nicht gern.**

3. MEHMET Ich wandere gern.
   AHMET **Ich wandere nicht gern.**

4. MEHMET Ich besuche gern Freunde.
   AHMET **Ich besuche Freunde nicht gern.**

5. MEHMET Ich höre gern Musik.
   AHMET **Ich höre Musik nicht gern.**

15 Put the elements of the sentences in the following conversation in logical order.

1. MARIA du / gern / machst / in deiner Freizeit / was?
   Was machst du gern in deiner Freizeit?

2. JOACHIM gern / ich / Schach / Karten / und / spiele / Fußball.   machst / was / du?
   Ich spiele gern Schach, Karten und Fußball. Was machst du?

3. MARIA auch / Schach / gern / ich / spiele.
   Ich spiele auch gern Schach.

4. JOACHIM gern / du / Briefmarken / sammelst?
   Sammelst du gern Briefmarken?

5. MARIA ich / nein / gern / nicht / sammle / Briefmarken.
   Nein, ich sammle Briefmarken nicht gern.

KAPITEL 2 Zweite Stufe

Dritte Stufe

16 When do you do the following activities? Match the time with the picture.

a.   b.   c.   d.   e.

__d__ 1. im Sommer   __b__ 4. nach der Schule

__c__ 2. am Abend   __a__ 5. im Winter

__e__ 3. im Herbst

17 Rate the activities listed below based on the following scale.

Spitze!
super!
Klasse!
toll!
prima!
interessant!
macht Spaß!
_____
langweilig!
blöd!
macht keinen Spaß!

Answers will vary. Fußball spielen   _____ Basketball spielen

_____ Volleyball spielen   _____ Volleyball spielen

_____ Golf spielen   _____ Tennis spielen

_____ Klavier spielen   _____ Karten spielen

_____ Schach spielen   _____ Gitarre spielen

_____ Briefmarken sammeln   _____ Comics sammeln

_____ Freunde besuchen   _____ Fernsehen schauen

_____ Musik hören   _____ zeichnen

_____ schreiben   _____ basteln

_____ Hausaufgaben machen   _____ schwimmen

_____ tanzen   _____ wandern

Name _____ Klasse _____ Datum _____

18 Write a letter introducing yourself to a potential pen pal. Tell him or her your name, where you come from, how old you are, and what you do in your free time and when you do it.

Liebe(r) _____!

Answers will vary.

_____

_____

_____

_____

_____

Herzliche Grüße _____

19 Fill in the correct form of the missing verbs to complete the conversation.

KARIN   Was machst du in deiner Freizeit, Hanno?

1. HANNO   Ich __sammle__ (sammeln) Briefmarken.
2. KARIN   Jens __findet__ (finden) Briefmarken sammeln
3.   langweilig, aber er __findet__ (finden) Zeichnen toll!
4. HANNO   __Zeichnest__ (zeichnen) du auch, Karin?
5. KARIN   Nein, aber ich __bastle__ (basteln) sehr gern.

20 Rearrange each underlined sentence so that it begins with a time expression. Pay attention to the position of the verb!

1. MEHMET   Was machst du nach der Schule?
   CHRISTINA   Ich spiele Fußball nach der Schule.

   Nach der Schule spiele ich Fußball.

2. MEHMET   Und was machst du am Wochenende?
   CHRISTINA   Ich besuche Freunde am Wochenende.

   Am Wochenende besuche ich Freunde.

3. MEHMET   Was machst du am Sonntag?
   CHRISTINA   Ich wandere gern am Sonntag.

   Am Sonntag wandere ich gern.

4. CHRISTINA   Wann machst du die Hausaufgaben?
   MEHMET   Ich mache die Hausaufgaben am Abend.

   Am Abend mache ich die Hausaufgaben.

5. CHRISTINA   Was machst du am Nachmittag?
   MEHMET   Ich spiele Tennis am Nachmittag.

   Am Nachmittag spiele ich Tennis.

Name _____ Klasse _____ Datum _____

21 Put the elements of the sentences in order, starting with the word (or phrase) in bold print.

BEISPIEL   Fußball / ich / **nach der Schule** / spiele
Nach der Schule spiele ich Fußball.

1. schauen / Katrina und Jutta / **am Abend** / Fernsehen
   Am Abend schauen Katrina und Jutta Fernsehen.

2. wir / schwimmen / sehr gern / **im Sommer**
   Im Sommer schwimmen wir sehr gern.

3. **am Nachmittag** / Musik / wir / hören
   Am Nachmittag hören wir Musik.

4. gern / wandert / Robert / **im Frühling**
   Im Frühling wandert Robert gern.

5. Frau und Herr Siebert / **am Wochenende** / basteln
   Am Wochenende basteln Frau und Herr Siebert.

22 Jutta is expressing her opinion about various activities. Use the expressions in the box to say whether you agree or disagree with her opinions.

> Das finde ich auch.   Ich nicht.   Stimmt.   Stimmt nicht.   Ich auch.   Das finde ich nicht.

JUTTA   Ich finde Volleyball blöd.
1. DU   **Answers will vary. Possible answers: Ich auch.**

JUTTA   Comics sammeln ist super!
2. DU   **Das finde ich nicht.**

JUTTA   Fernsehen schauen ist interessant!
3. DU   **Stimmt nicht!**

JUTTA   Wandern ist langweilig.
4. DU   **Das finde ich auch.**

JUTTA   Basteln macht Spaß.
5. DU   **Das finde ich nicht.**

Name _____ Klasse _____ Datum _____

Zum Lesen

23 a. What kind of information would you give a German-speaking pen pal to whom you have never written before?

Answers will vary. Possible answers: Ich heiße ...; Ich wohne in ...;
In meiner Freizeit ...

b. Read the letter from Katrin to her new pen pal, and then answer the questions below.

> Ich heiße Katrin, und ich bin 15 Jahre alt. In meiner Freizeit mache ich gern Sport. Nach der Schule spiele ich immer Fußball oder Volleyball. Ulla ist meine beste Freundin. Sie spielt gern Fußball, aber sie spielt Volleyball nicht gern. Ich spiele auch gern Karten, aber Ulla mag Kartenspielen überhaupt nicht. Sie spielt am liebsten Schach, aber Schach finde ich langweilig. Am Wochenende besuche ich immer Freunde, und wir spielen Karten oder machen manchmal Musik. Ich spiele Gitarre, Ulla spielt Klavier und Anja singt ziemlich gut. Wir singen Country and Western und Punk. Unsere Band heißt „3 Girlz".

c. Answer the following questions.

1. Wie alt ist Katrin? __15__
2. Spielt sie gern Karten? __ja__
3. Spielt sie gern Schach? __nein__
4. Wann besucht sie Freunde? __am Wochenende__
5. Wer spielt Klavier? __Ulla__

d. Wer macht was? Put a check mark in the column under the name of the girl or girls who do the following activities.

	Fußball spielen	Volleyball spielen	Karten spielen	Schach spielen	Freunde besuchen	Gitarre spielen	Klavier spielen	singen
Katrin	✓	✓	✓		✓	✓		
Ulla	✓			✓	✓		✓	
Anja					✓			✓

e. Was machst du am Wochenende? Write four sentences in German about what you do on the weekend.

Answers will vary. Possible answers:
Am Wochenende spiele ich Basketball.
Ich besuche oft Freunde.
Ich spiele Fußball. Ich schaue Fernsehen.

Landeskunde

24 a. Answer the following questions in English.

Do you think soccer is as popular in North America as it is in German-speaking countries?

Why or why not?

b. Name some sports and activities that you think are popular in your country but not in German-speaking countries.
Possible answers: football and baseball

c. Which activities do you think are more popular in German-speaking countries than here?
Possible answers: soccer and skiing

What factors do you think contribute to these differences?
Possible answers: climate, population density, geography, history, influence of other countries

d. Ask your teacher or another adult whether he or she played soccer when he or she was your age. Ask him or her why or why not. Ask whether soccer was as popular then as it is now.

Is the person you asked from North America or somewhere else? **Answers will vary.**

The person's answer will probably be different if he or she is from another continent. Why do you think a person's answer depends upon where he or she is from?
Possible answers: Different cultures are interested in different sports. Sports popular in the United States are not necessarily popular everywhere.

Name _____ Klasse _____ Datum _____

KAPITEL 3
Komm mit nach Hause!

■ Los geht's!

1 Look at the pictures and read the conversations. Then decide which conversation goes with each picture.

a.

b.

c.

d.

___c___ 1. ULRIKE Dein Zimmer ist toll! Die Möbel sind neu, nicht?
            SABINE Nein. Der Schrank ist schon sehr alt, aber das Bett ist neu.
            ULRIKE Ach so!

___a___ 2. ULRIKE Hallo, Sabine. Wo wohnst du denn?
            SABINE Ich wohne hier in der Seminarstraße. Wo wohnst du?
            ULRIKE Ich wohne auch in der Nähe.

___b___ 3. SABINE Möchtest du was trinken?
            ULRIKE Ja, gern. Ich möchte ein Glas Mineralwasser.
            SABINE Und was möchtest du essen?
            ULRIKE Ich möchte ein Stück Kuchen, bitte.

___d___ 4. ULRIKE Hast du Geschwister?
            SABINE Ja, schau. Das ist mein Bruder.
            ULRIKE Wie heißt er?
            SABINE Er heißt Hansi, und er ist fünf Jahre alt.

German 1 Komm mit!, Chapter 3   Übungsheft, Teacher's Edition

Erste Stufe

2 Where do you think these people live? Match each picture to the appropriate location.

    a.   b.   c.   d.   e.

__d__ 1. Er wohnt in der Elm Straße.   __c__ 4. Es wohnt weit von hier.

__e__ 2. Sie wohnen in einem Vorort.   __a__ 5. Er wohnt auf dem Land.

__b__ 3. Sie wohnt in der Stadt.

3 These tourists haven't learned enough German to tell the waiter what they would like to eat or drink. But since you can see what they're thinking, you can help. Use the pictures to write what each person would like. Remember to use the correct form of the verb **möchte**.

> nichts!   eine Cola   ein Glas Mineralwasser   ein Stück Obst   ein Stück Kuchen

EXAMPLE   Gregor: **Er möchte ein Stück Obst.**

1. Sabine: **Sie möchte eine Cola.**
2. Anna und Max: **Sie möchten ein Stück Kuchen.**
3. Birgit: **Sie möchte nichts.**
4. Ralf: **Er möchte ein Glas Mineralwasser.**

4 Use the pictures to answer the questions below.

1. Wohin gehen Jutta und Ulla? Sie gehen nach Hause.
2. Wo wohnen sie? Sie wohnen in der Thalbergerstraße.
3. Was möchten sie trinken?

    Jutta: Jutta möchte eine Cola (trinken).

    Ulla: Ulla möchte ein Glas Apfelsaft (trinken).

4. Was möchten sie essen?

    Jutta: Jutta möchte ein Stück Obst (essen).

    Ulla: Ulla möchte ein paar Kekse (essen).

5 Bastian and Norbert are at Norbert's house after school. Complete the following conversation with the correct form of the verb **möchte**.

1. MUTTER Na, Bastian, grüß dich! __Möchtest__ du etwas essen?
2. BASTIAN Ja, gern. Ich __möchte__ ein paar Kekse, bitte.
3. MUTTER Und du, Norbert? Was __möchtest__ du?
4. NORBERT Ich __möchte__ ein Stück Obst, bitte.
5. MUTTER Bitte schön. Und was __möchtet__ ihr trinken?
6. NORBERT Wir __möchten__ eine Cola.

6 Ulrike has brought her friend Ute home after school. Complete their conversation by filling in the blanks with **eine** or **ein**.

1. ULRIKE Was möchtest du, Ute? Möchtest du __eine__ Cola trinken?
2. UTE Nein, ich möchte __ein__ Glas Orangensaft, bitte.
3. ULRIKE Okay, ich möchte aber __eine__ Cola. Möchtest du etwas essen?
4. UTE Ja, ich möchte __ein__ Stück Obst.

Name _____ Klasse _____ Datum _____

7 Katrin has come home after school, and she and her father are going to have a snack. Complete their conversation with words from the list below.

  Cola   möcht/est/et/en/e   essen
  trinken   Glas   Kuchen
  paar   Stück   Obst

KATRIN Hallo, Vati, ich bin wieder zu Hause!

VATER Hallo, Kätchen! Wie war die Schule?

1. KATRIN Prima! Vati, ich __**möchte**__ etwas trinken.

2. VATER Was möchtest du __**trinken**__? Ein Glas Wasser?

3. KATRIN Nein, ich möchte eine __**Cola**__.

4. VATER Na gut, und was möchtest du __**essen**__?

5. Ein __**paar**__ Kekse?

6. KATRIN Nein, ich möchte ein Stück __**Obst/Kuchen**__.

8 A student reporter for the school newspaper is doing a study on after-school activities and eating habits. Answer the reporter's questions in complete sentences.

Answers will vary. Possible answers are given below.

REPORTER Wie heißt du?
1. DU Ich heiße __Cindy.__

REPORTER Wie alt bist du?
2. DU __Ich bin siebzehn.__

REPORTER Was möchtest du heute nach der Schule machen?
3. DU __Ich möchte schwimmen gehen.__

REPORTER Was möchtest du heute nach der Schule essen?
4. DU __Ich möchte ein Stück Obst essen.__

REPORTER Und was möchtest du nach der Schule trinken?
5. DU __Ich möchte ein Glas Mineralwasser trinken.__

REPORTER Vielen Dank!!

Name _____ Klasse _____ Datum _____

Zweite Stufe

9 Find the missing pieces of furniture.

Schrank
Schreibtisch
Bett
Stereoanlage
Stuhl
Möbel
Couch
Regal

```
Q I G G E N M O L I R Q A Y A M W
Y W R C V P H T K W P G E D Y Z O
Z A G E R E G A L N A O E R E T S
U K Q E X T I H N E A C L E N X M
M E G B H E U U C K N R B U L A L
S A C E A T Y C M H N R H H V C G
L N Q T S I O M E M A U C N P U
H W Y T R E B Ö H T D T P G S Q R
S C H R E I B T I S C H C O U C H
A F I T L E S C H W I B M E N E S
N R M O L L A G E R V E W F A C I
K E H C O K R B R A E L S X B I K
```

10 Opposites attract. In Johann's room everything is balanced by its opposite. Supply the missing adjectives.

1. Das Bett ist alt, aber die Stereoanlage ist _____**neu**_____.
2. Der Stuhl ist _____**unbequem**_____, aber die Couch ist bequem.
3. Das Regal ist groß, aber der Schreibtisch ist _____**klein**_____.
4. Die Möbel sind klein, aber der Junge ist _____**groß**_____.

Name _____ Klasse _____ Datum _____

11 What is your room like? Describe your room (or your ideal room) and the things in it, using the words in the box below.

> die Couch   groß   hässlich   das Zimmer   klein   alt   der Stuhl   unbequem
> das Regal   bequem   die Stereoanlage   die Möbel   neu   der Schrank   schön   kaputt   das Bett

Answers will vary.
_____
_____
_____
_____
_____
_____
_____
_____

12 Frau Körner has asked her students to write a paragraph describing their rooms. Add the correct articles (**der**, **die**, or **das**) to Georg's assignment.

1. __Das__ Zimmer ist klein, aber schön. 2. __Die__ Möbel sind alt und bequem. 3. __Der__ Schrank ist groß, und 4. __der__ Schreibtisch ist auch groß. 5. __Das__ Bett ist hässlich, aber bequem. 6. __Die__ Couch ist sehr bequem, und 7. __die__ Stereoanlage ist leider kaputt!

13 Now add the correct pronouns (**er**, **sie**, **es**) to Beate's assignment.

Die Couch ist sehr neu, und __sie__ ist auch sehr bequem.

Der Schrank ist ganz hässlich, aber __er__ ist sehr groß.

Der Stuhl ist alt, und __er__ ist leider unbequem.

Das Bett ist klein, aber __es__ ist sehr schön.

Das Regal ist klein, und __es__ ist kaputt.

Name _____ Klasse _____ Datum _____

14 Martina's assignment has 10 mistakes. Help her out by rewriting the assignment without the mistakes.

Das Schrank ist sehr klein, aber sie ist schön. Der Schreibtisch sind groß, aber sie ist hässlich. Der Zimmer ist groß, und der Bett bist bequem. Die Möbel ist ganz neu. Das Stereoanlage bin alt, und sie ist kaputt.

Der Schrank ist sehr klein, aber er ist schön. Der Schreibtisch ist groß, aber er ist hässlich. Das Zimmer ist groß, und das Bett ist bequem. Die Möbel sind ganz neu. Die Stereoanlage ist alt, und sie ist kaputt.

15 Rewrite Steffi's assignment about a room she saw in a magazine so that there are more pronouns and fewer repeated nouns.

Das Zimmer ist sehr groß. Das Zimmer ist auch sehr schön. Die Möbel sind neu, und die Möbel sind auch sehr schön. Die Couch ist neu, und die Couch ist ganz bequem. Der Schrank ist hässlich, aber der Schrank ist sehr groß. Der Schreibtisch und der Stuhl sind klein, und der Schreibtisch und der Stuhl sind alt.

Das Zimmer ist sehr groß. Es ist auch sehr schön. Die Möbel sind neu, und sie sind auch sehr schön. Die Couch ist neu, und sie ist ganz bequem. Der Schrank ist hässlich, aber er ist sehr groß. Der Schreibtisch und der Stuhl sind klein, und sie sind alt.

Name _____ Klasse _____ Datum _____

Dritte Stufe

16 Answer the questions based on the family tree.

```
            Berndt — Britta
         ┌─────────┴─────────┐
   Dietmar — Heidrun     Felix — Herta
   ┌────┬────┐          ┌────┬────┐
 Karin Berta Hermann   Lars Alexander Daniela
```

1. Wie heißt der Bruder von Heidrun? _____ Felix _____
2. Wer ist die Großmutter von Berta? _____ Britta _____
3. Wie heißt die Tochter von Felix und Herta? _____ Daniela _____
4. Wer sind die Eltern von Heidrun und Felix? _____ Britta und Berndt _____
5. Wie heißen die Kusinen von Lars? _____ Karin und Berta _____

17 Solve the crossword puzzle by answering the questions.

1. Sie ist die Mutter von meinem Vater.
2. Er ist der Bruder von meiner Mutter.
3. Er ist der Sohn von meiner Tante.
4. Er ist der Sohn von meinen Großeltern und der Bruder von meinem Onkel und meiner Tante.
5. Sie ist die Tochter von meinem Stiefvater und meiner Mutter.

```
                  ¹G
                   R
              ²O N K E L
                   S
              ³C O U S I N
                   M
                   U
              ⁴V A T E R
                   T
    ⁵H A L B S C H W E S T E R
                   R
```

18 Circle the picture which most closely resembles the person described below.

Der Mann hat lange Haare und eine Glatze.
Er hat dunkelbraune Augen und eine Brille.

a. b. (c.)

Name _____ Klasse _____ Datum _____

19 Describe your family. What are your parents' names? How old are they? Do you have any siblings? What are their names and how old are they? Describe them. Do you have any pets?

Answers will vary.
_____
_____
_____
_____
_____

20 Complete the following conversation with the correct forms of the verbs **heißen** and **sein**.

    FRITZ Du, Meike, hast du Geschwister?

    MEIKE Ja, eine Schwester und zwei Brüder.

1. FRITZ Wie __**heißt**__ deine Schwester?

    MEIKE Katja.

2. FRITZ Wie __**heißen**__ deine Brüder?
3. MEIKE Sie __**heißen**__ Markus und Roland.
4. FRITZ __**Ist**__ Roland 14?
5. MEIKE Nein, Markus und Roland __**sind**__ beide 16.
6.   Sie __**sind**__ Zwillinge. Katja und ich
7.   __**sind**__ auch Zwillinge.
8. FRITZ Wirklich! Wie alt __**seid**__ ihr?
9. MEIKE Wir __**sind**__ 14.

21 Put the conversation between Tanja and Mehmet in order.

__4__ a. Sie ist 19.

__6__ b. Sie hat lange braune Haare und braune Augen.

__2__ c. Ja, sie heißt Silvia. Hast du eine Schwester?

__1__ d. Hast du eine Schwester, Tanja?

__3__ e. Nein. Sag mal, wie alt ist Silvia?

__5__ f. Ach, so alt! Wie sieht sie aus?

__7__ g. Schön!

Name _____ Klasse _____ Datum _____

22
Use words from the box below to complete this conversation between Jutta and Jens.

| dein | spielen | er | möchtest | ich | heißt | jung | alt | möchten | du | mein | heiße |

1. JUTTA Hallo, Jens. Ist das __dein__ Bruder?
2. JENS Ja. Er __heißt__ Jakob.
3. JUTTA Wie __alt__ bist du, Jakob?
4. JAKOB __Ich__ bin 14 Jahre alt. Wie heißt
5. __du__ ?
6. JUTTA Ich __heiße__ Jutta.
7. JENS Jakob und ich __spielen__ heute nach der Schule
8. Fußball. __Möchtest__ du auch spielen?
   JUTTA Ja, toll!

23
Frau Körner did not have time to write a quiz based on this family tree. Help her out by writing it for her. Include at least five questions and, of course, write the answers, too.

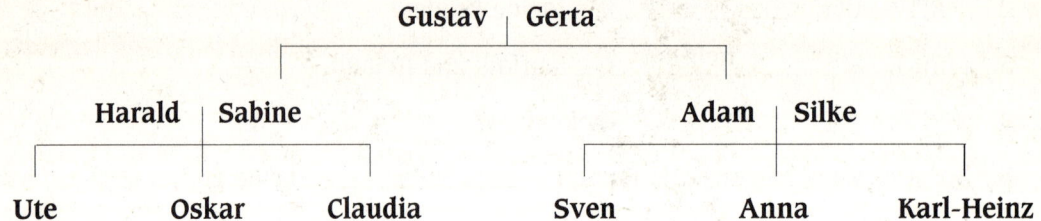

Questions:
1. Possible questions might be: Wer ist Utes Schwester?
2. Wer sind Utes Eltern?
3. Wer ist Utes Tante?
4. Wer ist Utes Onkel?
5. Wer sind Utes Cousins?

Answers:
1. Claudia ist Utes Schwester.
2. Harald und Sabine sind Utes Eltern.
3. Silke ist Utes Tante.
4. Adam ist Utes Onkel.
5. Sven und Karl-Heinz sind Utes Cousins.

Name _____ Klasse _____ Datum _____

▨ Zum Lesen

24 a. Answer the following questions about yourself.

1. Wie heißen deine Freunde? __Answers will vary._____
2. Wer kommt mit dir nach Hause? _____
3. Was macht ihr zu Hause nach der Schule? _____
4. Was esst und trinkt ihr nach der Schule? _____

b. Read the following letter from Jürgen, a German exchange student at an American high school, to his parents.

> *Liebe Mutti, lieber Vati!*
> *Vielen Dank für euren Brief! Mir geht es immer noch sehr gut hier in Texas. Mein bester Freund heißt Tom Dykstra. Er ist 15 Jahre alt. Er wohnt in einem Vorort, und ich gehe manchmal mit ihm nach Hause, und wir spielen Schach oder Karten und hören Musik. Frau Dykstra bäckt sehr gute Kekse und Kuchen, und wir essen immer etwas und trinken eine Cola oder Apfelsaft. Meine Freundin Karin ist auch sehr lieb. Ich gehe fast jeden Montag mit ihr nach Hause, und wir machen unsere Hausaufgaben zusammen. Wir hören leider keine Musik: Karins Stereoanlage ist kaputt! Aber Karin spielt sehr gut Gitarre und spielt manchmal Serenaden. Ich schreibe bald mehr, aber jetzt möchte ich mit Tom Tennis spielen.*
> *Viele schöne Grüße aus Amerika!*
> *Euer Jürgen*

c. Answer the following questions:

1. Wo wohnt Tom?
   a. in der Stadt   b. auf dem Land   (c.) in einem Vorort   d. weit von hier
2. Wer spielt Schach? __Tom und Jürgen_____
3. Wer bäckt gute Kekse und Kuchen? __Frau Dykstra_____
4. Was machen Jürgen und Karin?
   a. Sie spielen Tennis.   (b.) Sie machen ihre Hausaufgaben.
   c. Sie spielen Karten.   d. Sie hören Musik.

25 Karin is a typical American teenager. Use your imagination to describe her room. You already know her stereo is broken; what is the rest of her furniture like?

__Answers will vary. Some possible answers:_____

__Das Bett ist alt, aber sehr bequem._____

__Der Stuhl ist neu._____

_____

Name _____ Klasse _____ Datum _____

■ Landeskunde

26 Look at the ad for a condominium **(Eigentumswohnung)** below. If the exchange rate is roughly 0,90 euros for every dollar, about how much is this apartment in dollars?

__77,000 dollars__

> **Eigentumswohnung in der Stadt!**
> 1 1/2 Zimmer Wohnung
> Südloggia, Garage
> großzügiger Grundriss
> mit 34 m² Wohnfläche
> € 85 500,-

27 This condominium is listed as a $1\frac{1}{2}$ **Zimmer Wohnung**, which means that it has a kitchen, bathroom, and one and a half other rooms that serve as both living room and bedroom. The ad also lists the condominium as having 34 square meters. To convert to square feet, multiply 34 by 10.7641. About how many square feet is this condominium?

__365 square feet__

28 Now measure your classroom or bedroom to find out how many square feet it is. To obtain the square footage take the length of the room and multiply it by the width. Now compare the square footage of your classroom or bedroom with the German condominium. Is the condominium bigger than your classroom or bedroom? How many square feet larger or smaller is it? **Answers will vary.**

The square footage for my classroom or bedroom is _____. The German

condominium is _____ square feet larger/ _____ square feet smaller.

29 Ask your parents or look in the real estate section of your local newspaper to compare housing costs and sizes in your area. How do the square footage and price of housing in your area compare to the German condominium's? Do you get more rooms or square footage for your money, or is it about the same?

Answers will vary.

30 a. If the cost for comparable housing in your area is the same or higher as the German condominium, what might this tell you about similarities between Germany and the area in which you live in terms of population? (Hint: In **Kapitel 1** you learned about population density in Germany.)

Because the housing prices in my area are similar to the prices in Germany, the

population densities are probably comparable.

b. If the cost for comparable housing in your area is lower, what might this tell you about possible differences between Germany and the area in which you live in terms of population? (Hint: **In Kapitel 1** you learned about the population density in Germany.)

Because the cost of housing in my area tends to be lower than in Germany, the

population density here is probably lower.

31 If you lived in Germany, would you like to buy this condominium? Why or why not?

_____

_____

KAPITEL 4 — Alles für die Schule!

Los geht's!

1 Look at the scenes below and choose the sentence that best completes the conversation in each picture.

1.
   a. Ich gehe zur Schule.
   b. Ich möchte Kuchen essen.
   c. Ich kaufe ein T-Shirt.
   d. Ich möchte zwei Hefte und drei Kulis.

2.
   a. Wir möchten nach Hause gehen, und du?
   b. Wir haben Mathe, Bio, Kunst und Musik. Und du?
   c. Wir möchten schwimmen gehen, und du?
   d. Wir haben nichts vor, und du?

3.
   a. Wir haben Mathe um 8 Uhr.
   b. Wir haben Mathe nicht gern.
   c. Bio haben wir um 8 Uhr.
   d. Mathe ist unser Lieblingsfach.

Name _____ Klasse _____ Datum _____

Erste Stufe

2 Ute and Jochen are talking about some of their classes. Read their conversation, and then determine which schedule belongs to which student. Write each student's name above the schedule that belongs to him or her.

UTE Sag mal, Jochen, wann hast du Erdkunde?
JOCHEN Donnerstag um 11.30 und Freitag um 8.45. Und du?
UTE Erdkunde habe ich nicht, aber ich habe Geschichte zweimal in der Woche, am Dienstag und Donnerstag. Hast du Deutsch am Mittwoch um 9.45?
JOCHEN Nein, ich habe Deutsch am Dienstag um 8.00 und am Donnerstag um 9.45. Wann hast du Sport?
UTE Am Dienstag um 8.45. Und was hast du dann?
JOCHEN Ich habe Latein.

NAME: ____Ute____

Zeit	Montag	Dienstag	Mittwoch	Donnerstag	Freitag
8.00-8.45	Mathe				Mathe
8.45-9.30		Sport		Deutsch	
9.45-10.30	Deutsch		Deutsch		Bio
10.30-11.15			Mathe	Geschichte	
11.30-12.15	Bio	Geschichte			

NAME: ____Jochen____

Zeit	Montag	Dienstag	Mittwoch	Donnerstag	Freitag
8.00-8.45		Deutsch	Latein	Religion	
8.45-9.30	Kunst	Latein			Erdkunde
9.45-10.30		Bio		Deutsch	
10.30-11.15	Sport				
11.30-12.15		Bio		Erdkunde	

3 Fill out the crossword puzzle based on Ute and Jochen's schedules.

1. **waagerecht** *(across)*: Dieses Fach hat Jochen am Dienstag nach Deutsch.
2. **senkrecht** *(down)*: Dieses Fach hat Ute am Montag nach Mathe.
3. **waagerecht**: Dieses Fach hat Ute zuletzt am Dienstag.
4. **waagerecht**: Dieses Fach hat Ute am Freitag nach Mathe.
5. **senkrecht**: Dieses Fach hat Jochen am Donnerstag.
6. **waagerecht**: Dieses Fach hat Jochen am Montag.

Name _____ Klasse _____ Datum _____

4 Sven is telling Oskar about his school schedule over the phone. Unscramble Sven's one-sided conversation by putting the sentences in the correct order.

_2_ a. Dann habe ich Deutsch.

_5_ b. Und zuletzt habe ich Erdkunde.

_3_ c. Nach Deutsch habe ich Geschichte.

_6_ d. Nach der Schule spiele ich Volleyball.

_4_ e. Nach Geschichte habe ich Sport.

_1_ f. Zuerst habe ich Bio.

5 Susanne, Ulrich, and Meike are talking about everybody's schedules. Complete their conversation using the correct forms of the verb **haben**.

SUSANNE Ulrich, Meike, __habt__ ihr Deutsch um 9.30?

ULRICH Nein, wir __haben__ Deutsch um 11.20. Wann __hast__ du Deutsch, Susanne?

SUSANNE Das __habe__ ich um 12.40. Sag mal, wann __haben__ Felix und Mathias Bio?

MEIKE Ich glaube, Felix __hat__ Bio um 10.10, und Mathias __hat__ das um 8.00.

6 Susanne and Jan are comparing their class schedules for Friday. Fill in the missing words: **dann, danach, zuerst, zuletzt**.

SUSANNE __Zuerst__ habe ich Deutsch, __dann/ danach__ Bio, __dann/ danach__ Mathe und __zuletzt__ Latein. Was hast du?

JAN Ich habe auch Deutsch __zuerst__, __dann/ danach__ Erdkunde, __dann/ danach__ Geschichte und __zuletzt__ Kunst.

Name _____ Klasse _____ Datum _____

7 Jürgen, an exchange student from Dresden, starts a conversation with Tom. Complete their conversation by filling in the blanks with the correct verb forms.

> spielen kommen sein machen heißen haben

JÜRGEN Hallo, ich __bin__ neu hier. Ich __heiße__ Jürgen. Wie __heißt__ du?

TOM Ich __heiße__ Tom. Woher __kommst__ du, Jürgen?

JÜRGEN Ich __komme__ aus Dresden. Und du?

TOM Aus San Francisco. Was __machst__ du gern in deiner Freizeit, Jürgen?

JÜRGEN Ich __spiele__ gern Fußball und Volleyball.

TOM Ich auch! Und welche Fächer __hast__ du heute?

JÜRGEN Ich __habe__ Deutsch, Englisch, Mathe, Bio und Erdkunde.

8 Supply the questions that would elicit the following answers about Ute and Jochen's schedules.

1. **Wann hat Ute Deutsch?** _____?

   Sie hat Deutsch am Montag, Mittwoch und Donnerstag.

2. **Wann hat Jochen Sport?** _____?

   Er hat Sport am Montag nach Kunst.

3. **Wann haben Jochen und Ute Geschichte?** _____?

   Er hat Geschichte am Donnerstag, und sie hat Geschichte am Dienstag und Donnerstag.

4. **Was hat Ute am Freitag vor Bio?** _____?

   Am Freitag vor Bio hat sie Mathe.

Name _____ Klasse _____ Datum _____

■ Zweite Stufe

9 A friend is telling you about his or her grades. How would you react to the statements below? Use expressions from the box.

> Toll!   Das ist schlecht!   So ein Mist!   Super!   Spitze!
> Das ist gut!   So ein Pech!   Gut!   Nicht schlecht!   Schade!

Ich habe eine Sechs in Englisch!
1. DU **Das ist schlecht!**

In Erdkunde habe ich eine Drei.
2. DU **Nicht schlecht!**

In Sport habe ich eine Eins!
3. DU **Das ist toll!**

In Bio habe ich eine Vier.
4. DU **So ein Pech!**

In Deutsch habe ich eine Zwei.
5. DU **Das ist gut!**

10 Make a list of the classes you're taking. Then fill in your grades using the German grading system. **(Answers will vary.)**

Zeugnis

für _____

geboren am _____   Klasse _____

Allgemeine Beurteilung:
_____

_____ .... ≡   _____ .... ≡
_____ .... ≡   _____ .... ≡
_____ .... ≡   _____ .... ≡

1. Fremdsprache: _____ ≡   _____ .... ≡

2. Fremdsprache: _____ ≡   _____ .... ≡

3. Fremdsprache: _____ ≡

German 1 Komm mit!, Chapter 4   Übungsheft, Teacher's Edition

Name _____ Klasse _____ Datum _____

11 A reporter for a teen magazine is conducting a survey about the likes and dislikes of students. Fill out the questionnaire.

Mega – Magazin

Bitte füll den Fragebogen unten aus, und schick ihn an unser Büro!
Vielen Dank für deine wichtigen Informationen!

1. Was machst du gern in deiner Freizeit?

2. Was machst du nicht gern?

3. Was ist dein Lieblingsfach?

4. Was ist dein Lieblingssport?

5. Was ist dein Lieblingsbuch?

6. Wer ist dein Lieblingslehrer oder deine Lieblingslehrerin?

7. Wie heißt deine Lieblingsrockgruppe?

8. Wer ist dein Lieblingsstar?

Vielen Dank!

Name _____ Klasse _____ Datum _____

12 Put the sentences from the following conversation between Hubert and Beate in the correct order.

__6__ HUBERT So ein Pech!

__2__ HUBERT In Deutsch habe ich eine Eins.

__4__ HUBERT In Englisch habe ich nur eine Drei.

__1__ BEATE Sag mal Hubert, welche Note hast du in Deutsch?

__5__ BEATE Eine Drei ist nicht schlecht! Ich habe eine Fünf!

__3__ BEATE Toll! Ich habe auch eine Eins. Was hast du in Englisch?

13 Pick five activities or things from the box below. Write a sentence about each of your choices. Pick at least two that you like and two that you don't like.

> Fußball   Mathe   Erdkunde   Kunst   Bio   Cola   Mineralwasser
> Karten   Tennis   Deutsch
> Englisch   Volleyball spielen   Geschichte   Kekse   Kuchen   Obst

BEISPIELE **Ich spiele gern Schach.**
Ich habe Cola nicht gern.

1. **Answers will vary. See model sentences above.**
2. _____
3. _____
4. _____
5. _____

14 Write a question that would elicit each of the answers given below.

1. **Spielst du gern Fußball?**

   Nein, Fußball spiele ich nicht gern.

2. **Was sind deine Lieblingsfächer?**

   Meine Lieblingsfächer sind Deutsch, Englisch und Latein.

3. **Wann hast du Sport?**

   Ich habe Sport am Montag und Freitag um 2.20.

4. **Hast du Mathe gern?**

   Ja, ich habe Mathe gern.

German 1 Komm mit!, Chapter 4   Übungsheft, Teacher's Edition

Name _____ Klasse _____ Datum _____

■ Dritte Stufe

15 Look at the flyer above and answer the following questions:

1. Was kosten zwölf Bleistifte? _____1,95 EUR_____
2. Was kosten 3 Hefte? _____1,35 EUR_____
3. Was kostet eine Schultasche? _____39,70 EUR_____
4. Was kosten 2 Kulis, ein Heft und 6 Kassetten? _____25,35 EUR_____
5. Was kostet ein Wörterbuch? _____10,00 EUR_____

16 Make a list of the school supplies you would like to buy and the price of each item and then answer the questions below based on the list you made.

a. Schulsachen   Preis   Schulsachen   Preis

   Answers will vary.

b. Du hast nur € 10. Was kaufst du? Was kostet das insgesamt *(together)*? Schau deine Liste oben *(above)* an, und schreib *(write)* drei Sätze *(sentences)*!

   Answers will vary.

Name _____ Klasse _____ Datum _____

17 Now write down five questions you may need to ask when you are in the store shopping for the items on your list from page 44.

BEISPIEL **Entschuldigung, wo sind die Hefte? Was kostet ein Heft?**

1. Answers will vary.
2.
3.
4.
5.

18 Find the German equivalents in the puzzle for the English words listed below.

book
school bag
grade
report card
schedule
notebook
pencil
subject
ballpoint pen
teacher

```
P R J X I B E D E M N H Y
A J X Q P A D B W D A V N
B X O O C L F E U U L U O
H F J P N R J X C B P A Y
E L U O U X Y T W N N I E
F I T A I Y F I W D E L H
T E L E H R E R Y W D U C
O T M P Y J K O C P N L S
F M I K S W A U X S U T A
Q K D D H E M E L I T A T
V M A C Z E U G N I S A L
S S U M O R O V C L Q Y U
T B M O R O V C L Q Y G H
T F I T S I E L B N Q J C
H F A C H M R K M B W T S
```

19 What are the plural forms for the 10 words you found in the puzzle?

1. Bücher
2. Schultaschen
3. Noten
4. Zeugnisse
5. Stundenpläne
6. Hefte
7. Bleistifte
8. Fächer
9. Kulis
10. Lehrer

KAPITEL 4 Dritte Stufe

Name _____ Klasse _____ Datum _____

20 Fill in the conversation below with the appropriate words.

ANJA Guten Tag! Ich möchte ein paar ___Schulsachen___ kaufen.
VERKÄUFERIN Was für Schulsachen möchten Sie?
ANJA Also, ich möchte ein paar ___Bleistifte___. Was kostet ein Bleistift?
VERKÄUFERIN Ein Bleistift kostet 50 Cent. Sie sind da vorn.
ANJA Wo sind die ___Hefte___? Und was kosten sie?
VERKÄUFERIN Ein Heft kostet € 0,45. Sie sind da hinten.
ANJA Und zuletzt möchte ich ein paar ___Radiergummis___. Wo sind sie?
VERKÄUFERIN Sie sind da vorn bei den Bleistiften. Ein Radiergummi kostet 70 Cent.
ANJA Vielen Dank!

21 Use the correct forms of **möchten, haben, kosten** and **sein** to complete the following conversation between Rolf and a salesclerk.

ROLF Guten Tag! Ich ___möchte___ ein paar Wörterbücher kaufen. Wo ___sind___ sie?
VERKÄUFER Wir ___haben___ viele verschiedene Wörterbücher. Sie ___sind___ da drüben.
ROLF Was ___kostet___ das deutsche Wörterbuch hier?
VERKÄUFER Alle Wörterbücher ___kosten___ im Moment acht Euro.

22 You have a job working after school in a stationery store. Your supervisor has given you a list of answers to commonly asked questions, but to practice them really well, you need to know what the questions are. Fill them in below.

1. **Wo sind die Bleistifte?**

   Die Bleistifte sind bei den Kulis dort drüben.

2. **Was kosten die Taschenrechner?**

   Die Taschenrechner kosten von € 10,50 bis € 72,00.

3. **Wo sind die Kulis?**

   Die Kulis sind bei den Bleistiften hier vorn.

4. **Was kostet ein Heft?**

   Ein Heft kostet € 0,45.

Name _____ Klasse _____ Datum _____

Zum Lesen

23 What kind of text do you think this is? What is the topic? First skim the text for words and phrases that you already know. Circle any words you think are cognates.

Fachbereich Fremdsprachen

729 F — **Englisch Mittelstufe II**
Sean Lang
Mittwoch
17.00 - 20.20 Uhr
ab 08.09.01
14 Abende
28 Doppelstunden
Haus der VHS

Dieser Kurs ist für Teilnehmer/innen vorgesehen, die über eine dreijährige Schulausbildung in Englisch verfügen. In 3-4 Semestern können Sie sich auf die Prüfung zum Volkshochschulzertifikat vorbereiten. *Lehrbuch:* The New Cambridge English Course (Student's Book und Practice Book), CUP/Klett Verlag

731F — **Englisch Aufbaustufe I**
Meike Nandico
Mittwoch
17.00 - 20.20 Uhr
ab 08.09.01
14 Abende
28 Doppelstunden
Haus der VHS
€ 50,00

In den Kursen der **Aufbaustufe I** haben Sie die Möglichkeit, sich in 2 Semestern auf das Volksschulzertifikat vorzubereiten. Gute Vorkenntnisse im Umfang von 4 Jahren Schulenglisch bzw. 4 Semestern Volkshochschule sind unbedingt erforderlich. *Lehrbuch:* Take Off 3 (Lehr- und Arbeitsbuch), Cornelsen Verlag

730 — **Förderkurs Englisch**
Arthur Severance
Montag-Freitag
14.00 - 18.45
ab 04.19.01
5 Veranstaltungen
10 Doppelstunden
Haus der VHS
€ 18,00

Dieser Kurs wendet sich insbesondere an Schüler/innen der 9. und 10. Klassen, die ihre Englischkenntnisse etwas „aufpolieren" möchten. Individuelle Interessen und Schwierigkeiten werden berücksichtigt. Um eine „trockene Grammatikwoche" zu verhindern, werden Landeskunde, Spiele und Konversation mit einbezogen.

732 F — **Englisch Aufbaustufe II**
Ramon Nagel
Montag
18.00 - 21.20 Uhr
ab 06.09.01
14 Abende
28 Doppelstunden
Haus der VHS
€ 50,00

Dieser Kurs schließt in einem Semester mit dem Niveau des VHS-Zertifikats ab. Gute Vorkenntnisse im Umfang von 5 Jahren Schulenglisch bzw. 5 Semestern Volkshochschule sind erforderlich. *Lehrbuch:* Take Off 3 (Lehr- und Arbeitsbuch), Cornelsen Verlag

From "Fachbereich Fremdsprachen 729 F - 732 F" *Volkshochschule Weissensee*, p. 58. Reprinted by permission of *Volkshochschule Weissensee, Berlin.*

1. Match the statements below to the corresponding course.
   a. Englisch Mittelstufe II
   b. Förderkurs Englisch
   c. Englisch Aufbaustufe I
   d. Englisch Aufbaustufe II

   __c__ Meike Nandico teaches this class.

   __b__ This course meets on Monday to Friday at 2:00 PM.

   __d__ This course starts on September 6, 2001.

   __a__ The textbook for this class is called *The New Cambridge English Course*.

   __b__ This course costs 18 euros.

2. Answer the following questions.

   a. Wie heißt das Lehrbuch für Englisch Aufbaustufe II? ____Take Off 3____

   b. Wie heißt der Lehrer für Englisch Mittelstufe II? ____Sean Lang____

   c. Um welche Zeit ist der Kurs 731 F? ____Mittwoch, 17.00 - 20.20 Uhr____

   d. Welcher Kurs ist für Schüler/innen in der 9. und 10. Klasse? ____Förderkurs Englisch____

3. You are spending a semester as an exchange student in Berlin. Your cousin, Heinz Biebl, is coming from Austria to visit for a few weeks and would like to take an English course while in Berlin. He has asked you to find a course where they don't just teach grammar, but instead talk about culture, play games, and practice conversation. Heinz is 15 and has already learned some English. Which course will you sign him up for? Fill out the form below.

Kursnummer:	730	Kursname:	Förderkurs Englisch
Lehrer:	Arthur Severance	Zeiten:	Montag-Freitag 14.00-18.45

Name _____ Klasse _____ Datum _____

Landeskunde

24 In what ways is school in Germany different from school in the United States? Give at least three examples.

German students don't have lunches at school. They don't have the same classes

every day. The teacher moves from room to room.

25 You may also be surprised to learn that the German school system has other striking differences from the school systems in the United States. Beginning in the fifth grade, German students can attend several different types of schools, depending on their grades and their plans for the future. Only students with above average grades and a desire to study at a university attend a **Gymnasium**. Students interested in vocational training attend the **Hauptschule** or **Realschule**. Students who want to attend the **Gymnasium**, but do not have high enough grades, must take a rigorous exam called the **Aufnahmeprüfung**. If they pass, they may enroll at a **Gymnasium**.

a. What would be the advantages and disadvantages of this type of school system?
Answers will vary. Possible answers:

Advantage: Students can focus on their particular interests and abilities starting at an

early age. Disadvantage: Some students may not be ready in the fifth grade to make

such an important decision about the future course of their lives.

b. Do you think you would like to study at a German school? Why or why not?
Answers will vary.

KAPITEL 5

Name _____ Klasse _____ Datum _____

Klamotten kaufen

■ Los geht's!

1 Look at the pictures below and circle the conversation that matches the picture above.

1. — Haben Sie einen Wunsch?
   — Ja, wir suchen Bleistifte und Kulis.
   — Sie sind da drüben.
   — Was kosten sie?
   — Bleistifte kosten 50 Cent und Kulis kosten 5 Euro.

(2.) — Was möchten Sie?
   — Wir brauchen T-Shirts und Jeans.
   — Sie sind da hinten an der Wand.
   — Was kosten sie?
   — T-Shirts gibt es ab 12 Euro und Jeans ab 30 Euro.

3. — Was bekommen Sie?
   — Wir möchten Kleider und Röcke.
   — Sie sind hier vorn.
   — Was kosten sie?
   — Röcke haben wir ab 25 Euro und Kleider ab 36 Euro.

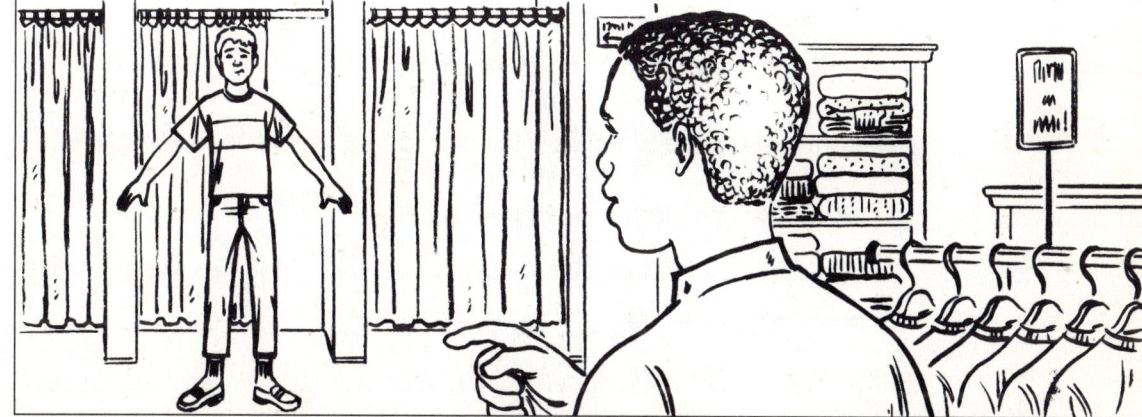

1. — Wie findest du das Kleid?
   — Es sieht furchtbar aus!
   — Wirklich?
   — Ja, es ist viel zu weit für dich.

2. — Gefällt dir der Rock?
   — Hm, ich weiß nicht. Ich glaub, er ist zu lang.
   — Ja, stimmt schon.

(3.) — Wie findest du die Jeans?
   — Ich bin nicht sicher.
   — Sie passt, oder?
   — Sie ist etwas zu kurz für dich.

German 1 Komm mit!, Chapter 5   Übungsheft, Teacher's Edition **49**

Name _____ Klasse _____ Datum _____

Erste Stufe

2 What is the password to Ulrich's party? Fill in the crossword and then unscramble the circled letters to find out the password. Remember how umlauts are written in crossword puzzles (ü = UE, ä = AE, ö = OE).

1. senkrecht

2. waagerecht

3. senkrecht

4. senkrecht

5. senkrecht

6. waagerecht

Crossword:
- 1 down: GUERTEL
- 6 across: TURNSCHUHE
- 4 down: ROCK
- 5 down: HOSE
- 2 across: STIEFEL
- 3 down: KLEID

Passwort: _____ **fesch**

3 Put the following conversation between Brigitta and the salesperson in the correct order.

4	BRIGITTE	Ich möchte sie in Gelb sehen.
6	BRIGITTE	Nein, Dunkelblau nicht, aber vielleicht haben Sie sie in Hellblau.
2	BRIGITTE	Ja, ich brauche etwas für eine Fete. Vielleicht eine neue Bluse.
3	VERKÄUFERIN	Hier ist eine sehr schöne Bluse. Welche Farbe möchten Sie?
7	VERKÄUFERIN	Natürlich ... Hier ist sie in Hellblau.
5	VERKÄUFERIN	Leider haben wir diese Bluse nicht in Gelb. Vielleicht möchten Sie sie in Dunkelblau sehen?
1	VERKÄUFERIN	Guten Tag! Haben Sie einen Wunsch?

Name _____ Klasse _____ Datum _____

4 Complete the conversation below by filling in the most appropriate response or question.

VERKÄUFER Haben Sie einen Wunsch?
DU **Ja, ich suche/brauche Jeans.**

VERKÄUFER Jeans haben wir im Sonderangebot.
DU **Was kosten sie?**

VERKÄUFER Sie kosten nur 30 Euro.
DU **Haben Sie auch T-Shirts?**

VERKÄUFER Ja, T-Shirts haben wir auch und in allen Farben. Sonst einen Wunsch?
DU **Ja, haben Sie auch Turnschuhe?**

VERKÄUFER Nein, Turnschuhe haben wir leider nicht.

5 Mathias is shopping with his mother. Fill in the correct article: **der, die, das,** or **den**.

MUTTI Mathias, du brauchst ein neues Hemd. Schau mal! 1. **Das** Hemd hier ist ziemlich preiswert und auch sehr schön.

MATHIAS Nein, Mutti, 2. **das** Hemd ist hässlich! Ich möchte 3. **den** Pulli hier kaufen. Er ist toll!

MUTTI Aber Mathias, 4. **die** Pullis hier sind zu teuer. Aber 5. **die** Hose da hinten ist sehr preiswert. Möchtest du 6. **die** ?

MATHIAS Nein, Mutti, sie ist echt blöd! Ich will nur 7. **den** Pulli hier kaufen!

MUTTI Aber Mathias, 8. **der** Pulli kostet € 38, und das ist einfach zu teuer.

6 Jürgen has convinced his friend Tom to help him go shopping at a mall. Insert the appropriate indefinite articles: **eine, ein,** or **einen**.

TOM Was für Klamotten brauchst du denn, Jürgen?

JÜRGEN Fast alles. Ich brauche 1. **eine** Jacke und 2. **einen** Pulli. Es ist schon sehr kalt hier.

TOM Und ich brauche 3. **einen** neuen Jogging-Anzug.

JÜRGEN Okay, dann kaufen wir zuerst den Jogging-Anzug, und dann vielleicht 4. **eine** Jacke und 5. **einen** Pulli. Ich suche auch 6. **eine** neue Jeans und 7. **ein** Hemd.

TOM Okay, dann gehen wir zuerst zu Hartmanns.

Name _____ Klasse _____ Datum _____

7 Use the elements below to create 5 sentences or questions. Remember that in the accusative case (as direct objects), the masculine article **der** becomes **den**, and **ein** becomes **einen**.

> Hemden   20 Euro   Jogging-Anzug   suchen   Michael   Hemd   Jacke   Pulli
> Wir   Röcke   haben   möchten   Ich   kaufen   Sie   Pulli   15 Euro   kosten   Er   brauchen   sein   Bluse

1. Possible answers might be: Ich suche eine Bluse.
2. Der Pulli kostet 20 Euro.
3. Wir haben Hemden.
4. Das Hemd kostet 15 Euro.
5. Michael kauft einen Pulli.

8 The German Club at your school is having a rummage sale to raise funds for their Annual Oktoberfest Polka Concert. They would like you to donate some clothing items and have sent you a form to fill out. Tell them what you have and what color it is.

BEISPIEL   Ich habe eine Jacke in Blau.
Answers will vary.

Name _____ Klasse _____ Datum _____

Zweite Stufe

9 Find the 10 words that describe the outfits and clothes of the students in Frau Körner's class.

hübsch
schick
lässig
scheußlich
lang
furchtbar
fesch
kurz
eng
weit

```
X O O C L F E U U O J I A D R
F J P R J X C L B Ä X L X O A Y
L U U X Y T A W N I P W D B Q H
I A I Y F N G I W N I P T K B C
N E Y W G I U E A C S H C C L I
Y J O C S P L R U H C M C I J L
K F E S C H S W C R A X S H F S
J U Ä Q K D D S U E M E I C T S
S L M V M A B F A I Ü T W S C U
S N J Z R Ü K G Q O D I L T I E
A V B T H M O R O V C E L Q Y H
L R M K N Q K U R Z Y W G R R C
M R K M B W T W S M G B X A N S
H Ü E N G N S V A Y W F S N T I
```

10 What would you say if your friend walked up to you dressed in the following ways and asked: **Wie sehe ich aus?** Use the phrases in the box below as guides for your responses.

> ... gefällt mir nicht/gut ...   ... passt gut/nicht so gut ...
> Die Jacke ist ...   Du siehst ... aus   ... ist ein bisschen zu ...

Your friend is:

1. dressed in a beautiful evening gown or a tuxedo
   Answers will vary.
   _____

2. dressed in a torn up T-shirt and cut-offs
   _____

3. wearing a jacket with big patches of purple, burnt orange, and chartreuse
   _____

4. dressed from head to toe in black
   _____

5. wearing clothes that are far too big
   _____

Name _____ Klasse _____ Datum _____

11 You just saw the following people leaving the scene of a crime. Write a short paragraph describing these people for a police artist.

BEISPIEL   **Sie hat lange Haare und Schuhe in Weiß.**

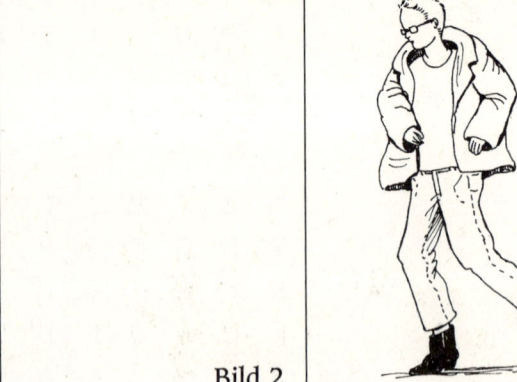

Bild 1   Bild 2

Answers will vary. See example above.

12 Max is going out, and he's getting advice about his clothes from his sister, Anna. Supply the correct articles and pronouns to complete their conversation below.

> ihn   den   eine   sie   ein   es
> einen   er   die   der   das

MAX   Anna, wie findest du meine neue Jacke?

ANNA   Ich finde 1. __**sie**__ toll, aber 2. __**sie**__ ist ein bisschen zu lang.

MAX   Wirklich? Wie findest du 3. __**das**__ Hemd?

ANNA   4. __**Es**__ ist wirklich toll.

MAX   Und 5. __**der**__ Pulli? Wie findest du 6. __**ihn**__ ?

ANNA   7. __**Er**__ ist auch ganz fesch.

Name _____ Klasse _____ Datum _____

13 Match each question with an appropriate response.

_b_ 1. Wie findest du die Stiefel?   a. Ich finde es furchtbar!

_d_ 2. Wie findest du den Rock?   b. Ja, sie gefallen mir sehr.

_a_ 3. Wie sieht das Sweatshirt aus?   c. Sie ist ein bisschen zu lang.

_c_ 4. Wie findest du die Hose?   d. Ich finde ihn blöd.

14 Tom wrote a paragraph for Frau Körner's German class about his favorite clothes, but it doesn't sound quite right. He would ask his friend Jürgen for help, but Jürgen is out of town. Help Tom delete the repetitions in his composition by replacing the repeated noun phrases with pronouns.

Ich habe einen Pulli in Dunkelgrau. Der Pulli ist mein Lieblingskleidungsstück. Der Pulli gefällt mir sehr. Ich ziehe den Pulli heute zu Brittas Fete an. Meine Freunde finden den Pulli sehr fesch. Der Pulli ist mein Lieblingspulli.

Ich habe einen Pulli in Dunkelgrau. Er ist mein Lieblingskleidungsstück. Er gefällt mir sehr. Ich ziehe ihn heute zu Brittas Fete an. Meine Freunde finden ihn sehr fesch. Er ist mein Lieblingspulli.

15 Say whether you like these clothes or not.

1. schwarze Jeans: **Answers will vary.**

2. lange Röcke: _____

3. schwarze Stiefel: _____

4. ein Sweatshirt in Grau: _____

5. eine Jacke in Gelb: _____

KAPITEL 5 Zweite Stufe

Name _____ Klasse _____ Datum _____

Dritte Stufe

16 Ute and Beate are shopping for clothes. Read the dialogue below, then answer the questions that follow.

BEATE Ute, wie gefällt dir die Bluse in Rot?
UTE Gar nicht, sie ist wirklich scheußlich.
BEATE Meinst du? Sie gefällt mir ganz gut. Ich finde sie sehr schick. Ich nehme sie.
UTE Wirklich? Der Rock da vorne, ihn finde ich ganz toll. Ich probiere ihn an.
BEATE Aber Ute, Grün ist keine gute Farbe für dich.
UTE Wirklich? Ok, ich probiere ihn in Gelb an.
BEATE Gut, du siehst gut in Gelb aus. Ich nicht.

For each statement, write the name of the person to whom it applies.

1. __Ute__ Die Bluse in Rot gefällt ihr nicht.
2. __Beate__ Sie nimmt die Bluse in Rot.
3. __Ute__ Sie findet den Rock in Grün toll.
4. __Ute__ Sie probiert den Rock in Gelb an.
5. __Beate__ Sie sieht in Gelb nicht gut aus.

17 Below are some clothing items and colors. Combine the clothes and the colors to come up with outfits for five friends and write down what they will wear.

die Bluse	in Gelb	in Schwarz	in Weiß	der Rock	die Stiefel
die Jeans	in Grau				
in Braun	die Hose	das Hemd	die Schuhe	in Grün	das Kleid	in Rot

BEISPIEL **Meine Freundin Beate zieht Stiefel in Schwarz und ein Kleid in Rot an.**

1. Answers will vary.

2.

3.

4.

5.

Name _____ Klasse _____ Datum _____

18 Your German class is giving a formal party. Describe the clothes you will wear, using the verbs **anziehen**, **passen**, and **aussehen**.

Answers will vary.

19 Michaela and Rita are talking about the clothes the girls in their class are wearing. Supply the definite or indefinite articles or the pronouns.

MICHAELA Du Rita, Monika sieht schön aus. 1. __**Die**__ Bluse passt ganz gut!

RITA Ja, und 2. __**die**__ Stiefel sind sehr schick. Siehst du 3. __**den**__ Rock? Grün steht ihr sehr gut.

MICHAELA Ja, aber schau mal, Heikes Pulli ist etwas verrückt.

RITA Ja, 4. __**er**__ ist ein bisschen wild. Aber ich finde 5. __**ihn**__ ganz fesch.

MICHAELA Meinst du? Ich meine, 6. __**der**__ Pulli sieht furchtbar aus. Meine Schwester hat 7. __**einen**__ Pulli wie diesen.

20 Jutta is shopping with her twin brother, Johann. Fill in the appropriate forms of the verbs **nehmen** and **aussehen**.

JUTTA Dieses T-Shirt ist schick. Ich 1. __**nehme**__ es.

JOHANN Warum 2. __**nimmst**__ du das? Es 3. __**sieht**__ furchtbar __**aus**__ !

JUTTA Meinst du? Aber es passt gut! In diesem T-Shirt 4. __**sehe**__ ich ganz fesch __**aus**__ . Ich 5. __**nehme**__ es. Was 6. __**nimmst**__ du?

JOHANN Ich 7. __**nehme**__ den Pulli hier. Er 8. __**sieht**__ ganz toll __**aus**__ !

JUTTA Aber er ist so blöd!

German 1 Komm mit!, Chapter 5   Übungsheft, Teacher's Edition

Name _____ Klasse _____ Datum _____

21 Sonja's father will be chaperoning the party, and he wants to look really chic. Fill in the appropriate verb.

> anprobieren   gefallen   nehmen   haben   anziehen
> sein   suchen   kaufen   aussehen   brauchen

VERKÄUFERIN 1. __Haben__ Sie einen Wunsch?

SONJAS VATER Ja, ich 2. __suche/brauche__ einen Jogging-Anzug.

VERKÄUFERIN Welche Größe 3. __nehmen__ Sie? Vielleicht ein Large?

SONJAS VATER Ich glaube ja. Ich 4. __probiere__ ihn 5. __an__.

he goes into the dressing room... a couple of minutes later...

VERKÄUFERIN Na, wie 6. __sieht__ er 7. __aus__? Passt er?

SONJAS VATER Ja, und er 8. __gefällt__ mir sehr. Ich

9. __nehme__ ihn.

22 Unscramble the words below to create sentences. Don't forget to use the correct article for nouns in the accusative case and don't forget to put any separable prefixes at the end of the sentences.

1. die Jacke/ich/in Gelb/anprobieren
   Ich probiere die Jacke in Gelb an.

2. ganz scheußlich/aussehen/die Stiefel in Rot
   Die Stiefel in Rot sehen ganz scheußlich aus.

3. der Rock in Blau/anziehen/Sonjas Mutter/zur Fete
   Sonjas Mutter zieht den Rock in Blau zur Fete an.

4. Sonja/das Hemd/nicht/gefallen
   Das Hemd gefällt Sonja nicht.

Name _____ Klasse _____ Datum _____

Zum Lesen

23 a. Heinrich Vogelbreit is the editor of the paper at his Gymnasium. He is writing an article about clothing trends in his school. Below are two survey sheets he got back.

Name: **Sabine F.**
Alter: **16**   Klasse: **9**
Bitte denken Sie über die folgenden Fragen nach, und schreiben Sie ein paar Sätze darüber!
Was halten Sie von Klamotten? Kaufen Sie teure Klamotten? Warum oder warum nicht? Wie wichtig ist Mode?

Ich halte nicht viel von Klamotten. Ich kaufe nur billige Klamotten. Ich finde es dumm, teure Klamotten zu kaufen. Ein Mensch ist ein Mensch. Es macht nichts, wie er aussieht. Was wichtig ist, ist wie er ist. Ist er nett? Denkt er an andere Leute? Ist er fröhlich? Ich finde, dass Mode überhaupt nicht wichtig ist.

Name: **Erich K.**
Alter: **15**   Klasse: **8**
Bitte denken Sie über die folgenden Fragen nach, und schreiben Sie ein paar Sätze darüber!
Was halten Sie von Klamotten? Kaufen Sie teure Klamotten? Warum oder warum nicht? Wie wichtig ist Mode?

Ich finde, Klamotten sind ziemlich wichtig. Wenn ich zu einer Fete gehe, möchte ich gut aussehen. Die Klamotten, die ich kaufe, sind ein bisschen teuer. Ich finde es wichtig, dass ich gut aussehe. Meine Freunde sagen immer, dass meine Klamotten sehr schick sind, dass ich gut aussehe. Mode ist mir ziemlich wichtig.

---

b. Based on the interviews, decide who might have made the following statements. If you think it is Sabine, write 'S' in the blank provided. If you think it is Erich, write 'E' in the blank.

__E__ Ich möchte gut aussehen.   __S__ Mode ist nicht wichtig.

__E__ Meine Klamotten sind sehr schick. __E__ Mode ist ziemlich wichtig.

__S__ Teure Klamotten zu kaufen ist dumm.

c. Answer the following questions by identifying the appropriate phrase or sentence in Sabine's and Erich's responses.

1. What does Sabine say is important about people?
   Was wichtig ist, ist wie er ist.

2. What does she say is not important?
   Es macht nichts, wie er aussieht.

3. How does Erich like to look when he goes to a party?
   Wenn ich zu einer Fete gehe, möchte ich gut aussehen.

4. What do Erich's friends say to him? What is Erich's attitude about fashion?
   Meine Freunde sagen immer, dass meine Klamotten sehr schick sind, dass ich gut aussehe. Mode ist mir ziemlich wichtig.

Name _____ Klasse _____ Datum _____

■ Landeskunde

In recent years, Germany and most of Europe has experienced a media invasion. Many people in Germany have purchased satellite dishes and have cable television. American television shows such as *The Simpsons* and networks such as CNN and MTV are extremely popular.

1. How do you think the media might influence fashion in Germany?
   Answers will vary. Possible answer: German teens may want to wear what their favorite stars on TV are wearing.

2. How might the popularity of American television shows in Germany explain the similarities or differences between German fashion trends and fashion trends in the United States?
   Answers will vary. Possible answer: Because German and American teens are watching many of the same shows, they will be emulating the same clothing styles.

3. Does television affect what you wear? In what way? If not, why not?
   Answers will vary.

4. Who or what influences what you wear?
   Answers will vary.

KAPITEL 6 — Pläne machen

Los geht's!

1 First look at the pictures below and try to guess what the people are talking about. Then fill in the blanks with words or phrases from the boxes to the right to complete each conversation. **Answers will vary.**

1. Hallo, Rita! Wie geht's?
2. Es geht mir __gut__, denn es ist endlich das Wochenende!
3. Was machst du heute Abend?
4. Wir wollen __in die Disko__ und danach wollen wir __in ein Café__.

Word box: in die Disko, ins Kino, miserabel, sehr schlecht, schlecht, baden gehen, Klamotten kaufen, in ein Café, gut

1. Wir wollen __baden gehen__ und danach __ins Kino__. Kommst du mit?
2. Wann geht ihr __ins Kino__?
3. Um __acht Uhr__.
4. Gut! Dann komme ich mit.

Word box: in die Disko, baden gehen, Fernsehen schauen, ins Kino, Klamotten kaufen, halb zwölf, in ein Café, acht Uhr, komme ich mit

1. __Was bekommen Sie?__
2. Ich nehme __eine Limo__.
3. Ich möchte __Nudelsuppe__ und zu trinken bekomme ich __eine Cola__.
4. Ich bekomme __eine Limo__ und __ein Käsebrot__.

Word box: Nudelsuppe, ein Käsebrot, eine Tasse Tee, eine Limo, ein Stück Kuchen, einen Eisbecher, eine Cola, Was möchten Sie?, Pizza, nichts, Was bekommen Sie?

Name _____ Klasse _____ Datum _____

Erste Stufe

2 Match each of the responses to the question **Wie geht's?** with the most appropriate drawing.

a.   b.   c.

__c__ 1. Miserabel!   __a__ 4. Prima!

__b__ 2. Nicht schlecht.   __c__ 5. Nicht so gut.

__b__ 3. So lala.   __a__ 6. Danke, gut!

3 Stefan has decided to get *really* organized. Today is Friday, and he has written out his entire schedule. Answer the questions with the correct time expression from the box below.

> um zehn Uhr zwanzig   um halb eins
> um acht Uhr   um zehn Uhr vierzig
> um halb zehn   um Viertel vor acht
> um halb zwei   um halb sechs
> um Viertel nach zwei   um vier Uhr
> um halb sieben
> um Viertel nach vier
> um fünf Uhr   um zwei Uhr fünfzig

	Freitag
9.30	Mathematik
10.20	Pause
10.40	Bio
1.30	nach Hause gehen
2.15	Hausaufgaben machen
4.00	zum Schachklub gehen
5.00	ins Schwimmbad gehen
6.30	nach Hause gehen
8.00	mit Ulla ins Kino gehen

1. Wann geht Stefan ins Schwimmbad? __um fünf Uhr__

2. Wann hat er Bio? __um zehn Uhr vierzig__

3. Wann geht er zum Schachklub? __um vier Uhr__

4. Wann geht er nach der Schule nach Hause? __um halb zwei__

5. Wann geht er mit Ulla ins Kino? __um acht Uhr__

6. Wann macht er seine Hausaufgaben? __um Viertel nach zwei__

Name _____ Klasse _____ Datum _____

4 You want to get together with a friend after school, but you don't know what his or her plans are. Create a conversation for this scenario. Be sure to ask what your friend is doing after school and when. **Answers will vary. Possible answers:**

DU Grüß dich! Was machst du nach der Schule?

FREUND/IN Ich bin nicht sicher. Ich möchte aber ins Kino.

DU Willst du vielleicht auch ins Café gehen?

FREUND/IN Ja, gerne. Welches Café?

DU Ins Café Freizeit?

FREUND/IN Ja, gut. Wann gehen wir?

DU Um neun Uhr?

FREUND/IN Ja, um neun Uhr. Bis dann!

5 Match each phrase on the right with the correct time on the left.

__c__ 2.10   a. ein Uhr zehn
__i__ 3.45   b. acht Uhr zwanzig
__g__ 12.30   c. zwei Uhr zehn
__a__ 1.10   d. Viertel nach vier
__f__ 3.50   e. zehn nach vier
__b__ 8.20   f. zehn vor vier
__h__ 7.15   g. halb eins
__j__ 1.30   h. Viertel nach sieben
__d__ 4.15   i. Viertel vor vier
__e__ 4.10   j. halb zwei

6 Write out the appropriate time underneath each clock using informal time expressions.

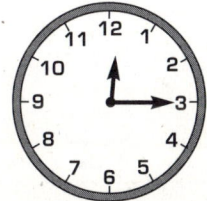

1. Viertel nach zwölf

2. sechs Uhr

3. halb acht

Name _____ Klasse _____ Datum _____

 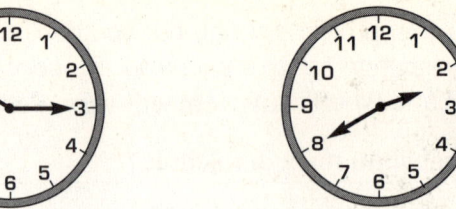 

4. __Viertel nach zehn__   5. __zwanzig vor drei__   6. __Viertel vor neun__

7 Max has written down each thing he does during the day on index cards in an attempt to stay more organized. Unfortunately, he dropped the cards and now they're all out of order. Help him put his schedule back in order, so he'll know when he has to be where.

- __4__ Um elf habe ich Deutsch.
- __5__ Um halb zwei gehe ich ins Café.
- __1__ Um Viertel vor acht gehe ich zur Schule.
- __7__ Um sechs gehe ich nach Hause.
- __6__ Um vier spiele ich Fußball.
- __3__ Um zehn nach zehn habe ich Bio.
- __2__ Um halb neun habe ich Geschichte.

8 Mr. Qugquf, an anthropologist from a distant planet, would like to know more about how humans understand time and use it to organize their lives. Answer Qugquf's questions according to your own schedule.

1. Um wie viel Uhr hast du Englisch?
   Answers will vary.

2. Um wie viel Uhr hast du Deutsch?

3. Wann machst du deine Hausaufgaben?

4. Wann gehst du zur Schule?

5. Wann gehst du nach Hause?

Name _____ Klasse _____ Datum _____

■ Zweite Stufe

9 Complete the sentences below with the most appropriate time expressions.

> nach der Schule am Abend am Morgen am Wochenende am Nachmittag

1. In die Schule geht man **am Morgen.**
2. Ins Café geht man **nach der Schule/am Wochenende.**
3. In eine Disko geht man **am Abend.**
4. Baden geht man **am Nachmittag.**

10 **Was ist logisch?** Which activity will you do first?

BEISPIEL nach Hause gehen/Fußball spielen
Zuerst spiele ich Fußball, dann gehe ich nach Hause.

1. Eis essen / ins Café gehen
   Zuerst gehe ich ins Café, dann esse ich Eis.
2. zur Schule gehen / Jeans und ein T-Shirt anziehen
   Zuerst ziehe ich Jeans und ein T-Shirt an, dann gehe ich zur Schule.
3. einen Film sehen / ins Kino gehen
   Zuerst gehe ich ins Kino, dann sehe ich einen Film.
4. tanzen / in eine Disko gehen
   Zuerst gehe ich in eine Disko, dann tanze ich.
5. meine Hausaufgaben machen / Fernsehen schauen
   Zuerst mache ich meine Hausaufgaben, dann schaue ich Fernsehen.

11 Write down your plans for the week. What do you want to do after school **am Montag, am Dienstag, am Mittwoch,** etc.?

1. Am Montag nach der Schule will ich **Answers will vary.**
2. Am Dienstag nach der Schule _____
3. Am Mittwoch _____
4. Am Donnerstag _____
5. Am Freitag _____
6. Am Wochenende _____

Name _____ Klasse _____ Datum _____

12 Katja and Georg are talking about their after-school plans. Fill in the correct forms of the verb **wollen**.

KATRIN   Georg, was __willst__ du nach der Schule machen?

GEORG   Bernd und ich __wollen__ ins Café gehen. Und du?

KATRIN   Ich __will__ auch ins Café gehen, aber mein Bruder __will__ mit mir Fußball spielen. __Wollt__ ihr zuerst mit uns Fußball spielen?

GEORG   Ja, okay, aber danach __wollen__ wir unbedingt ins Café gehen.

KATRIN   Klar, wir __wollen__ alle ein Eis essen.

13 Complete each sentence below with the most appropriate choice from the right.

__e__ 1. David und Katrin wollen ins Kino gehen ...
__d__ 2. Ich möchte nach Hause gehen ...
__b__ 3. Jan geht ins Konzert ...
__f__ 4. Wollt ihr ins Kaufhaus gehen ...
__a__ 5. Johann möchte ins Schwimmbad gehen ...
__c__ 6. Wir gehen ins Café ...

a. und schwimmen.
b. und hört Musik.
c. und essen ein Eis.
d. und meine Hausaufgaben machen.
e. und einen Film sehen.
f. und Klamotten kaufen?

14 Kurt meets Tanja after school and wants to know what she is doing. Fill in the correct forms of the verbs from the box.

> machen   haben   essen   möchten
> wollen   gehen   nehmen

KURT   Hallo, Tanja, wie __geht__ 's?

TANJA   Nicht so gut, Kurt. Ich __habe__ nur eine Zwei in Mathematik bekommen.

KURT   Ach, so ein Pech! Sag mal, was __machst__ du jetzt?

TANJA   Ich __mache__ natürlich meine Hausaufgaben. Ich __will__ aber Volleyball spielen oder ins Café __gehen__ und ein Eis __essen__.

KURT   Ich __gehe__ jetzt ins Café. __Möchtest__ du mitkommen?

TANJA   Nein, ich muss wirklich Hausaufgaben __machen__!

KURT   Tanja, sei nicht so blöd! Komm zuerst mit mir ins Café, und mach Hausaufgaben später!

Name _____ Klasse _____ Datum _____

15 Put the elements of the sentences below in correct order, beginning with the underlined word or phrase. Make sure to use the correct verb form.

1. ins Kino / wollen / <u>Birgit und Andreas</u> / gehen
   Birgit und Andreas wollen ins Kino gehen.

2. ich / <u>nach der Schule</u> / ins Café gehen / wollen / ein Eis essen / und
   Nach der Schule will ich ins Café gehen und ein Eis essen.

3. am Wochenende / <u>Tom und Jürgen</u> / wandern / wollen
   Tom und Jürgen wollen am Wochenende wandern.

4. wir / spielen / heute Nachmittag / <u>Volleyball</u> / wollen
   Volleyball wollen wir heute Nachmittag spielen.

5. sie / mitkommen / <u>am Abend</u> / nicht / wollen
   Am Abend will/wollen sie nicht mitkommen.

16 Write a paragraph describing what you want to do on the weekend. Use inverted word order in some of your sentences to add variety to your writing and remember to use the sequencing words **zuerst, dann, danach,** and **zuletzt**.

Answers will vary.

German 1 Komm mit!, Chapter 6 — Übungsheft, Teacher's Edition

KAPITEL 6 Zweite Stufe

Name _____ Klasse _____ Datum _____

■ Dritte Stufe

17 Read the list below. Check **normal** if you think the activity is something a fourteen-year-old normally does and check **nicht normal** if it's not normally something done by a fourteen-year-old. In addition, put a check mark in the **ich mache das** column if you do the activity yourself. **(Answers will vary.)**

AKTIVITÄT	normal	nicht normal	ich mache das
Eis essen	_____	_____	_____
Klamotten kaufen	_____	_____	_____
ein Haus kaufen	_____	_____	_____
Kaviar essen	_____	_____	_____
Cappuccino trinken	_____	_____	_____
ins Konzert gehen	_____	_____	_____
in einem Konzert spielen	_____	_____	_____
einen Film sehen	_____	_____	_____
Bücher lesen	_____	_____	_____
Bücher schreiben	_____	_____	_____

18 Write three sentences about the things you normally (**normalerweise**) do and include the time you usually do them.

BEISPIEL   <u>Normalerweise gehe ich um 8 Uhr zur Schule.</u>
Answers will vary.

_____
_____
_____
_____

19 The editor of the school newspaper is doing another survey, this time on people's favorite foods. Fill out the survey form for yourself. **(Answers will vary.)**

Name: _____ Klasse: _____ Ich bin _____ Jahre alt.

Isst (oder trinkst) du Folgendes gern oder nicht gern?   Was sind deine Lieblingsgerichte? Nenne drei Gerichte!

	GERN	NICHT GERN
Nudelsuppe	_____	_____
Wurstbrot	_____	_____
Kekse	_____	_____
Eis	_____	_____
Obst	_____	_____
Käsebrot	_____	_____
Kuchen	_____	_____
Käsekuchen	_____	_____
Apfelkuchen	_____	_____
Tee	_____	_____
Cappuccino	_____	_____
Spaghetti	_____	_____
Pizza	_____	_____
Cola	_____	_____
Mineralwasser	_____	_____

1. _____
_____

2. _____
_____

3. _____
_____

Name _____ Klasse _____ Datum _____

20 You and a friend are in Café Freizeit. Unfortunately, you both have laryngitis and can't talk. Using the menu below, write down what you and your friend want to order. You only have 10 euros, so be careful!

Helpful words/phrases

Ich nehme die/den/das ...

Ich möchte ...

Ich will ...

Mein Freund nimmt/möchte/will ...

Meine Freundin ...

IMBISS-KARTE
Café Freizeit
Für den kleinen Hunger und Durst

KLEINE SPEISEN

NUDELSUPPE MIT BROT €	2,25
KÄSEBROT	2,60
WURSTBROT	2,55
WIENER MIT SENF — 2 PAAR	2,90
PIZZA (15 cm)	
Nr. 1 mit Tomaten und Käse	3,00
Nr. 2 mit Wurst und Käse	3,25
Nr. 3 mit Wurst, Käse und Pilzen	4,25

EIS

FRUCHTEIS KUGEL €	0,60
SAHNEEIS KUGEL	0,70
EISBECHER	3,40

GETRÄNKE

1 TASSE KAFFEE €	2,15
1 KÄNNCHEN KAFFEE	3,80
1 TASSE CAPPUCCINO	2,60
1 GLAS TEE MIT ZITRONE	1,60

ALKOHOLFREIE GETRÄNKE

MINERALWASSER	0,5 l €	1,75
LIMONADE, FANTA	0,5 l	1,80
APFELSAFT	0,2 l	1,25
COLA	0,2 l	1,50

KUCHEN

APFELKUCHEN	STÜCK €	1,40
KÄSEKUCHEN	STÜCK	1,50

Answers will vary.

_____
_____
_____
_____
_____
_____
_____

21 Hilde is baby-sitting Heiko and Hanno, four-year-old twins. They are hungry and in a contrary mood. Fill in the correct forms of **essen**.

HILDE ___**Esst**___ ihr gern Obst, Heiko und Hanno?

HEIKO & HANNO Nein, Obst wollen wir nicht ___**essen**___ !!

HILDE Was ___**isst**___ du denn gern, Heiko?

HEIKO Obst will ich nicht ___**essen**___ !!!

HEIKOS MUTTI Hilde, Heiko und Hanno ___**essen**___ gern Nudelsuppe und Käsebrot.

HEIKO Ja, ja, wir ___**essen**___ gern Nudelsuppe und Käsebrot. Aber Hanno ___**isst**___ nur Käsebrot, und ich ___**esse**___ nur Nudelsuppe!

German 1 Komm mit!, Chapter 6 — Übungsheft, Teacher's Edition

Name _____ Klasse _____ Datum _____

22 Fill in the correct articles (eine, ein, or einen).

KELLNER Guten Tag, was möchten Sie?

JUPP Ich möchte __einen__ Eisbecher.

SEPP Und ich möchte __ein__ Wurstbrot.

KELLNER Möchten Sie etwas trinken?

JUPP Ja, gern! Ich möchte __eine__ Tasse Kaffee.

SEPP Und ich möchte __einen__ Cappuccino. Was kostet ein Cappuccino, bitte?

KELLNER Zwei Euro sechzig.

SEPP Ach, das ist zu teuer. Ich nehme __eine__ Limonade.

23 Match each answer on the left with the appropriate question on the right.

__c__ 1. Ich möchte einen Apfelkuchen, bitte.

__d__ 2. Es kostet € 2,55.

__a__ 3. Er schmeckt leider nicht besonders.

__e__ 4. Wir wollen ins Kino gehen.

__b__ 5. Zuerst mache ich meine Hausaufgaben, dann gehe ich baden.

a. Wie schmeckt der Kuchen?
b. Was machst du heute nach der Schule?
c. Was möchten Sie?
d. Was kostet ein Wurstbrot?
e. Was wollt ihr am Freitagabend machen?

24 Fill in the correct forms of the missing verbs.

haben   gehen   machen   trinken   essen   wollen   spielen

BRUNO Ahmet, was __machst__ du heute nach der Schule?

AHMET Ich __habe__ im Moment keine Pläne. Warum? Was __macht__ ihr?

BRUNO Lisa und ich __wollen__ zuerst Fußball __spielen__ und dann ins Kino __gehen__. __Willst__ du mitkommen?

AHMET Nein, danke, ich __will__ schwimmen __gehen__ und dann ins Café gehen und ein Eis __essen__ und vielleicht einen Cappuccino __trinken__.

BRUNO __Spielst__ du gern Schach, Ahmet?

AHMET Ja, sehr gern.

BRUNO Also dann, zuerst __spiele__ ich mit Lisa Fußball, dann __gehen__ wir alle ins Café, und danach __spielen__ wir Schach.

AHMET Ich __gehe__ so um vier ins Café.

Name _____ Klasse _____ Datum _____

■ Zum Lesen

25 a. Before you read the text below, answer the following questions: **Isst du oft im Restaurant? Was ist dein Lieblingsrestaurant? Was bestellst du normalerweise?**

Answers will vary.
_____
_____

b. Below is a menu from a German restaurant. Skim the menu for words you already know. Then look for cognates. For instance, what do you think **Fischfilet** is?

HOTEL KÖNIGSSEE

UNSERE SCHNELLGERICHTE:				GETRÄNKE:		
Nudelsuppe	1.00	Rauchwurst mit Grünkohl	5.90	1 Fl. Bier	0,5 l	2.00
Leberknödelsuppe	2.20	1/2 Hendl vom Grill mit Pommes frites auch zum Mitnehmen	6.—	1 Fl. Weizenbier	0,5 l	2.40
Gulaschsuppe	3.20			1 Fl. Pils	0,33 l	2.40
Fischfilet gebacken Remouladensoße, Kartoffelsalat	2.20	Schweinekotelette geback. m. Kartoffelsalat	7.—	1 Fl. Export	0,33 l	2.00
				1 Fl. Cola	0,2 l	0.80
3 St. Reibekuchen mit Apfelmus	3.00	Kohlroulade in Speck	6.80	1 Fl. Limo	0,2 l	1.60
Linseneintopf mit Bockwurst	4.20	Schweineschnitzel geback. m. Pommes frites	7.30	1 Fl. Apfelsaft	0,2 l	1.60
				1 Fl. Mineralw.	0,2 l	0.80
Münchner Semmelbratwurst m. Kraut o. Pommes frites	4.60	Puten-Cordon-Bleu Pommes frites, Salat	7.10	1 Fl. Spezi	0,5 l	2.70
		Rindsroulade, Kartoffelpüree, Salat	8.50	1 Tasse Kaffee		1.50
Hamburger Beefsteak	5.20			1 Glas Tee		1.50
		Mayonnaise, Ketchup	—.65	1 Glas Glühwein		2.90

Auswahl an Kuchen und Torten
Sämtliche Speisen auch zum Mitnehmen.

---

c. Answer the following questions.

1. Was kostet die Nudelsuppe? __1.00__   2. Was kostet ein Fischfilet? __2.20__
3. Was kostet eine Cola? __0.80__   4. Was kostet ein Mineralwasser? __0.80__
5. What do you think the phrase **Speisen auch zum Mitnehmen** means?
   Food to go

d. You have 8 euros. What will you order? Add up your bill.

                                    Preis
1. Answers will vary.   _____
2. _____   _____
3. _____   _____

            insgesamt   _____
            Trinkgeld   _____

Name _____ Klasse _____ Datum _____

■ Landeskunde

26 a. How would you react to the following situations? Answer in English.

Situation 1 You and a friend are sitting in a restaurant at a table big enough for four people. Two strangers come up to your table and ask if they may join you. What would you say to them?

Answers will vary. Possible answer: I would say no, we would like to be alone.

Situation 2 You arrive at a restaurant and wait for the host or hostess to seat you. You wait, but no one comes; several other people seat themselves at a table nearby that you and your friend were hoping to sit at. How would you react?

Answers will vary. Possible answer: I would get angry, and demand to speak with the manager about the poor service.

b. You may be surprised to find out how Germans would react to these same situations. You already know that tipping is done differently in Germany, but there are other differences in restaurant etiquette as well. It is quite common for strangers to share tables at restaurants, especially when there are no other tables available. In addition, it is quite common for restaurants to have no host or hostess. Seating is strictly first come, first served. What problems do you think that German tourists might encounter when dining out in the United States?

Answers will vary. Possible answer: Most people wouldn't want to share their table with strangers, and German tourists would probably think that Americans are very rude for not sharing their table. If a group of German tourists sat themselves at a table without assistance from a host or hostess, they might be asked to leave the restaurant or another customer might get angry at them.

c. Why do you think it is important to understand restaurant etiquette in other countries?

Answers will vary. Possible answer: If you understand what behavior is expected, you will feel more at ease in other cultures.

KAPITEL 7 Zu Hause helfen

Los geht's!

1 Eda's friends are asking what they can do to help so that she can do something with them later. What does she say in each of the situations below? Choose the correct answer.

(a.) Du kannst den Rasen mähen.
b. Du kannst den Müll sortieren.
c. Du kannst die Blumen gießen.

a. Du kannst die Blumen gießen.
b. Du kannst meine Klamotten aufräumen.
(c.) Du kannst für mich Staub saugen.

a. Du kannst den Müll sortieren.
(b.) Du kannst die Katze füttern.
c. Du kannst meine Klamotten aufräumen.

a. Ihr könnt für mich Staub saugen.
b. Ihr könnt für mich die Katze füttern.
(c.) Ihr könnt für mich den Müll sortieren.

German 1 Komm mit!, Chapter 7   Übungsheft, Teacher's Edition

Erste Stufe

2 a. Think about who does chores around your house. Put check marks in the appropriate columns.

	Staub saugen	Tisch decken	Tisch abräumen	Geschirr spülen	Rasen mähen	füttern	Müll sortieren	Blumen gießen	Fenster putzen
ich									
Mutter									
Vater									
Bruder									
Schwester									
sonst jemand (*someone else*)									
niemand (*no one*)									

b. Based on your answers in part **a**, write a short paragraph describing who does what at your house. Use connecting words, such as **und, aber, auch,** etc.

Answers will vary. Possible answer:

Zu Hause muss ich Staub saugen und auch den Tisch decken. Meine Mutter räumt den Tisch ab, und mein Vater spült das Geschirr. Meine Schwester füttert den Fisch, aber niemand sortiert den Müll.

3 a. Rudi and his mother don't always agree on what he should do. Complete their conversation by putting the sentences below in logical order.

_3_ Nein, Rudi, zuerst sortierst du den Müll, dann kannst du Tennis spielen.

_2_ Ich weiß, Mutti, aber zuerst will ich mit Max Tennis spielen.

_5_ Okay, aber gleich danach machst du die Hausaufgaben.

_1_ Rudi, du musst heute den Müll sortieren.

_4_ Kann ich Max nach dem Tennisspielen nach Hause bringen? Wir wollen auch Schach spielen.

b. What two things does his mother insist that he do? __Müll sortieren__ and __Hausaufgaben machen__. What three things does Rudi want to do? __Tennis spielen__, __Max nach Hause bringen__, and __Schach spielen__.

Name _____ Klasse _____ Datum _____

4 You're very busy today and must decline all invitations from your friends, but be sure to tell them why.

BEISPIEL **Wir spielen Volleyball nach der Schule. Kommst du mit?**
Ich kann nicht, ich muss den Rasen mähen.

Answers will vary. Possible answers:

1. Ich gehe mit Georg ins Café. Kannst du mitkommen?
   Ich kann leider nicht, ich muss die Hausaufgaben machen.

2. Ich muss Staub saugen und die Fenster putzen. Kannst du helfen?
   Ich kann nicht, ich gehe mit Cindy ins Kino.

3. Wir gehen heute Abend in eine Disko. Kommst du mit?
   Ich habe keine Zeit, ich muss zu Hause helfen.

4. Wir machen heute Nachmittag ein Picknick. Kannst du mitkommen?
   Es geht nicht, ich muss mein Zimmer aufräumen.

5 Complete Marta's and Kali's conversation about their plans and obligations by filling in the correct forms of the verb **müssen**.

MARTA Kali, Bastian und ich gehen ins Café. Kommst du mit?

KALI Nein, ich _**muss**_ leider meine Bio Hausaufgaben machen. Ich will eine Eins in Bio bekommen.

MARTA Ja, dann _**musst**_ du eigentlich deine Hausaufgaben machen.

KALI Aber wollt ihr am Samstag mit mir ins Schwimmbad gehen?

MARTA Nein, wir _**müssen**_ zu Hause helfen.

KALI Was _**müsst**_ ihr alles machen?

MARTA Ich _**muss**_ die Fenster putzen und den Rasen mähen, und Bastian _**muss**_ Staub saugen und den Müll sortieren.

6 The Müller family has just finished their evening meal. Complete their conversations by filling in the correct verbs and their separable prefixes.

> anprobieren abräumen aussehen
> anziehen mitkommen aufräumen

TOCHTER Mutti, komm mal. Wir wollen jetzt Karten spielen.

MUTTER Moment! Zuerst _**räume**_ ich schnell den Tisch _**ab**_.

German 1 Komm mit!, Chapter 7   Übungsheft, Teacher's Edition 75

Name _____ Klasse _____ Datum _____

SOHN Vati, schau mal, hier ist mein neues Hemd.

VATER Es __sieht__ sehr schick __aus__. Du kannst es zur Fete __anziehen__.

MUTTER Das Hemd ist wirklich schön! Hast du es im Kaufhaus gekauft? Ich glaube, morgen gehe ich ins Kaufhaus. Ich möchte ein paar Kleider __anprobieren__.

TOCHTER Mutti, ich will __mitkommen__.

SOHN Ja, ich __komme__ auch __mit__.

VATER Nein, nein, ihr müsst beide zu Hause bleiben und eure Zimmer __aufräumen__.

7 The people below have things they'd like to do today, but unfortunately they also have other obligations. Write a sentence about each of them.

BEISPIEL **Tanja: Staub saugen / ins Kino gehen.**
          Tanja möchte ins Kino gehen, aber sie muss Staub saugen.
    oder **Tanja muss Staub saugen, aber sie möchte ins Kino gehen.**

1. Anja und Kurt: ihre Zimmer aufräumen / mit dem Hund spielen
   Anja und Kurt möchten mit dem Hund spielen, aber sie müssen ihre Zimmer aufräumen.

2. Du: die Blumen gießen / ein Eis essen
   Du möchtest ein Eis essen, aber du musst die Blumen gießen.

3. Jakob und ich: das Geschirr spülen / Fernsehen schauen
   Jakob und ich möchten Fernsehen schauen, aber wir müssen das Geschirr spülen.

4. Du und Berndt: den Rasen mähen / schwimmen gehen
   Du und Berndt, ihr möchtet schwimmen gehen, aber ihr müsst den Rasen mähen.

5. Ich: _____ / _____
   Answers will vary.

8 You asked four classmates to go to the movies with you, but none of them could go, because they had things to do at home. What did each of them say to you?

1. Bernd: **Ich muss den Rasen mähen.**
2. Leyla: **Ich muss die Blumen gießen.**
3. Pedro und Felipe: **Es geht nicht, wir müssen den Tisch decken.**
4. Karin: **Ich kann nicht, ich muss mein Zimmer aufräumen.**

Name _____ Klasse _____ Datum _____

Zweite Stufe

9 How often do you do the following activities? Put a check mark in the column that reflects how often you do each activity.

Beschäftigung:	immer	oft	manchmal	nie
Fußball spielen				
Karten spielen				
Tuba spielen				
dein Zimmer aufräumen				
das Geschirr spülen				
die Fenster putzen				
ins Konzert gehen				
in eine Disko gehen				
den Tisch decken				
den Tisch abräumen				

10 When and how often do you do the following?

BEISPIEL **Baseball spielen**
 Ich spiele im Sommer jeden Tag Baseball.
 oder **Im Sommer spiele ich jeden Tag Baseball.**

1. die Fenster putzen: **Answers will vary.**
2. Fußball spielen: _____
3. ins Konzert gehen: _____
4. ins Kino gehen: _____
5. mein Zimmer aufräumen: _____

11 Beate and Sabine are talking about their plans. Fill in the missing forms of the verb **können**.

BEATE Sabine, Ulrich und ich machen ein Picknick. Ute und Ralf, **könnt** ihr mitkommen?

UTE Ich nicht. Ich habe zu Hause viel zu tun—Staub saugen, Fenster putzen, mein Zimmer aufräumen ...

BEATE Vielleicht **können** wir helfen. Ich **kann** Staub saugen, Ulrich und Ralf **können** die Fenster putzen, und du **kannst** dein Zimmer aufräumen.

UTE Das ist lieb! Und danach **können** wir unser Picknick machen!

Name _____ Klasse _____ Datum _____

12 Felix really likes Heike and Annalore. He has just stopped by to see what they are doing today. Complete their conversation by filling in the missing accusative pronouns.

HEIKE Annalore und ich wollen ins Kaufhaus gehen. Kommst du mit?

FELIX Gern!

HEIKE Aber Felix, wir müssen zuerst zu Hause helfen. Kannst du etwas für ____uns____ tun?

FELIX Für ____euch____ tue ich alles! Was kann ich tun?

HEIKE Für ____mich____ kannst du den Rasen mähen.

ANNALORE Und für ____mich____ kannst du die Fenster putzen.

FELIX Gut, für ____dich____, Heike, mähe ich den Rasen, und für ____dich____, Annalore, putze ich die Fenster.

ANNALORE Und kannst du für meinen Vati die Garage aufräumen?

FELIX Ja, ja, für ____ihn____ räume ich die Garage auf.

13 Complete the following description of how Eva spends a typical day by filling in the correct verbs.

> müssen   aufräumen   gehen
> können   wollen   sein

Eva ____ist____ zehn Jahre alt. Heute ____will____ sie mit ihren Freunden baden ____gehen____, aber sie ____muss____ zuerst ihr Zimmer ____aufräumen____. Evas Mutter sagt, Eva ____muss____ mindestens einmal in der Woche ihr Zimmer aufräumen. Danach ____kann____ sie tun, was sie ____will____. Eva sagt, einmal in der Woche ist zu oft; sie ____will____ ihr Zimmer nur einmal im Monat ____aufräumen____.

14 Mathias would like to go to the movies, but his father has other plans for him. To find out what they are, unscramble the sentences below.

MATHIAS ich / am Montagabend / wollen / gehen / ins Kino
1. **Ich will am Montagabend ins Kino gehen.**

VATER müssen / die Hausaufgaben / du / zuerst / machen
2. **Du musst zuerst die Hausaufgaben machen.**

MATHIAS nach der Schule / ich / können / machen / die Hausaufgaben
3. **Ich kann die Hausaufgaben nach der Schule machen.**

VATER und / wann / du / wollen / spülen / das Geschirr / ?
4. **Und wann willst du das Geschirr spülen?**

MATHIAS nach dem Film / das Geschirr / spülen / ich / können
5. **Ich kann das Geschirr nach dem Film spülen.**

VATER du / Gut! / können / ins Kino / am Montag / gehen
6. **Gut! Du kannst am Montag ins Kino gehen.**

Name _____ Klasse _____ Datum _____

Dritte Stufe

15 Can you find 13 words having to do with weather in this hidden word puzzle?

```
E M H Y K M G O L H I A J X Q P A D B
D G R A D V N J R X Y T D Q C B X O O
L F E U U O E J I A D N N T H F J R
R J X C B A T M X L X O Y Q W L O L E
U X Y T W T R N N I P W D Q H A G F T
A I Y F I A E I W D L L F I R M U N T
Y W U W W K E A C S C L M O P Y J E
C P E L C R U M C R E G E N J I R M W
K G S O W N N A S S F B W O P J U Q K
D E R M E I T S N U Q O G S M V M A A
U T W C I M K U E H L D S O N N I G
S N J G Q E O D L T I K Y Y H K W A V
T M O R H O V C L Q Y I E G U A F K L
M K N Q J O U Q Y G R G R I Y L V C B
R K M B W T W S M G B X A N S T V X E
H U H S C H N E E N S V A Y W F S N J
```

16 Fill in the appropriate vocabulary to complete the sentences below.

BEISPIEL Es ist so <u>sonnig</u> heute, wir können ein Picknick machen.

> regnet   nass   warm
> Sonne   sonnig   kalt

1. Es regnet und alles ist ganz __<u>nass</u>__. Ich fahre mit dem Bus nach Hause.
2. Mutti, kann ich baden gehen? Die __<u>Sonne</u>__ scheint, und es ist sehr __<u>warm</u>__.
3. Es ist so windig und __<u>kalt</u>__. Ich will nicht zu Fuß zur Schule gehen.
4. Gehen wir mal ins Kino! Es __<u>regnet</u>__ so, wir können gar nicht schwimmen gehen.

17 What is the weather like in the following cities at different times of the year?

BEISPIEL San Francisco/Juli
   <u>Im Juli ist es kühl und wolkig in San Francisco.</u>

1. Dallas/August <u>Im August ist es in Dallas sonnig und heiß.</u>
2. London/November <u>Im November ist es in London nass, und es regnet oft.</u>
3. Anchorage/Dezember <u>Im Dezember ist es in Anchorage sehr kalt.</u>
4. Miami/Juli <u>Im Juli ist es sonnig und heiß in Miami.</u>
5. wo du wohnst /April <u>Answers will vary.</u>

Name _____ Klasse _____ Datum _____

18 Match each description on the right with the appropriate weather on the left.

_b_ 1. Es ist nass und regnerisch.   a. Es ist wolkig.
_e_ 2. Es ist sehr kalt mit viel Schnee.   b. Es regnet.
_c_ 3. Es ist warm und sonnig.   c. Die Sonne scheint.
_a_ 4. Die Sonne scheint nicht.   d. Es ist schwül.
_d_ 5. Es ist nass und warm, aber es regnet nicht. e. Es schneit.

19 Silke is looking for a tennis partner. Fill in the correct forms of the verbs **wollen**, **müssen**, and **können**.

SILKE Christina, ____willst____ du mit mir Tennis spielen? Die Sonne scheint

jetzt, aber es regnet heute Nachmittag.

CHRISTINA Ich ____kann____ nicht. Ich ____muss____ zu Hause helfen.

____Können/Wollen____ Stefan und Jan mit dir spielen?

SILKE Ich ____will____ nicht mit Jan spielen. Er spielt zu gut! Aber vielleicht

mit Stefan. Ich rufe ihn an. Tschüs!

20 Your mother has made a list of things she wants you to do. Leave her a note saying when you will do each chore.

BEISPIEL den Rasen mähen: <u>Ich mähe am Freitag den Rasen.</u>

1. das Geschirr spülen <u>Answers will vary.</u>

2. die Fenster putzen _____

3. die Hausaufgaben machen _____

4. die Katze füttern _____

5. die Blumen gießen _____

KAPITEL 7 Dritte Stufe

German 1 Komm mit!, Chapter 7   Übungsheft, Teacher's Edition

Name _____ Klasse _____ Datum _____

21 You are going to buy something for all of the people listed below. What will you buy? In the sentences that you create, replace the person with the appropriate accusative pronoun.

BEISPIEL   für meinen Bruder: **Für ihn kaufe ich ein T-Shirt.**

1. für meine Schwester
   Für sie kaufe ich ... _____
   _____

2. für meinen Deutschlehrer / meine Deutschlehrerin (circle one)
   Für ihn/Für sie kaufe ich ... _____
   _____

3. für Katja und mich
   Für uns kaufe ich ... _____
   _____

4. für Max und dich
   Für euch kaufe ich ... _____
   _____

5. für Silvia und Andreas
   Für sie kaufe ich ... _____
   _____

Name _____ Klasse _____ Datum _____

■ Zum Lesen

22 Look at the illustration and chart and then read the text. Answer the questions that follow.

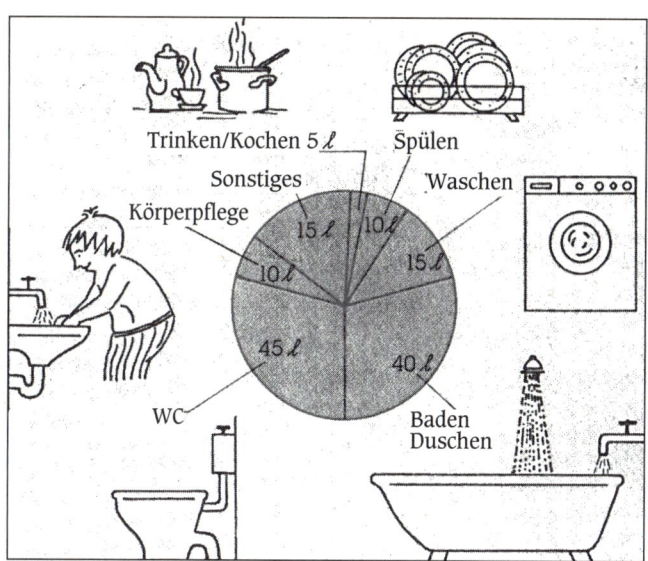

Hauptkomponenten des Wasserbedarfs der Haushalte. Jeder Einwohner verbraucht im Durchschnitt täglich 140 l Wasser.

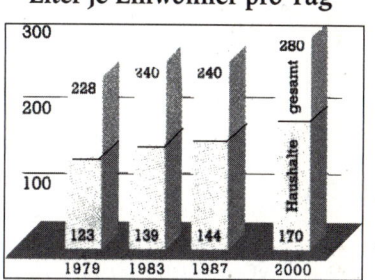

Liter je Einwohner pro Tag

Entwicklung des durchschnittlichen personenbezogenen Trinkwasserbedarfs in Bayern

Alles hat seinen Preis
Für € 0,80 bis € 1,20 bekommt man heute eine Flasche Mineralwasser—oder 1000 bis 2000 Liter Trinkwasser.

Chart, graph, and text from "Das Wasser" from *Bayerisches Staatsministerium des Innern*, München. Reprinted by permission of *Bayerisches Staatsministerium für Landesentwicklung und Umweltfragen*.

1. The illustration shows ...
   a. the time people spend doing different daily activities.
   b. different household chores.
   c. how most people spend a typical day.
   (d.) how much water people use during a day.

2. According to the article, people use _____ liters of water in a day:
   a. 45 liters
   (b.) 140 liters
   c. 70 liters
   d. 75 liters

3. During a day, the least amount of water is used for ...
   a. bathing.
   b. washing dishes.
   (c.) cooking and drinking.
   d. washing clothes.

4. According to the article, a bottle of mineral water ...
   a. is less expensive than 1000 to 2000 liters of tap water.
   b. is more expensive than 1000 to 2000 liters of tap water.
   (c.) costs the same as 1000 to 2000 liters of tap water.
   d. is enough to meet one's daily need for water.

5. The number of liters of water used per person each day ...
   a. decreased between 1979 and 1983.
   b. increased between 1983 and 1987.
   (c.) remained constant between 1983 and 1987, but is projected to increase in the year 2000.
   d. decreases each year.

Name _____ Klasse _____ Datum _____

■ Landeskunde

1 German-speaking countries use the centigrade system to measure temperature. Look at the thermometer on this page to answer the questions below.

a. At what temperature does water freeze in the **Celsius** system?

0° C

b. At what temperature does water boil in the **Celsius** system?

100° C

c. If you heard that it is 20° **Celsius** somewhere, what kind of weather would you expect to find if you went there?

warm, spring- or summerlike weather

d. Describe what the weather would be like if the temperature were 37° **Celsius**.

very hot, sunny

e. How would you describe the weather if the temperature were −10 **Celsius**?

very cold, chance of snow

2 Write an explanation of the differences between the Fahrenheit and the centigrade system. Give an overview of the weather during the year where you live. Give the average temperatures for each season in degrees **Celsius**.

Answers will vary.

KAPITEL 8 Einkaufen gehen

Los geht's!

1 For each picture, one of the conversations to the right **a)**, **b)**, or **c)** matches the situation depicted. First read the conversations, and then decide which one matches best.

1. a. — Was möchten Sie?
   — Zwei Pfund Hackfleisch.
   — Sonst noch etwas?
   — Nein, das ist alles.

   (b.) — Guten Tag! Was bekommen Sie?
   — Ich möchte zwei Kilo Tomaten.
   — Sonst noch etwas? Wir haben heute ganz frische Äpfel.
   — Gut, dann nehme ich zwei Kilo.

   c. — Guten Tag! Haben Sie einen Wunsch?
   — Ja, ich möchte gern 12 Semmeln.
   — Noch einen Wunsch?
   — Ja, ich nehme auch ein Brot.

2. (a.) — So, Helmut, wo warst denn heute Morgen?
   — Ich habe eingekauft.
   — Was hast du denn gekauft?
   — Also, Tomaten und Äpfel für meine Mutter.

   b. — So, Helmut warst du im Kino?
   — Ja, ich war im Kino.
   — Welchen Film hast du gesehen?
   — Ich hab *Schindlers Liste* gesehen.

   c. — Na, Helmut. Wo warst du denn?
   — Ich war im Kaufhaus.
   — Was hast du dir gekauft?
   — Neue Klamotten und Schuhe!

German 1 Komm mit!, Chapter 8   Übungsheft, Teacher's Edition   **85**

Name _____ Klasse _____ Datum _____

■ Erste Stufe

2 Use the pictures to fill in the groceries Sabine bought this afternoon. The letters in the circled areas will help you decode what she is having for dinner. (Hint: You have already been provided with part of the answer and it's a cognate.)

1. K A E (S) E
2. A E (P) F E L
3. S A L (A) T
4.  (T) O M A T (E) N
5.  W U R S (T)
6. E (I) E R

Was kocht Sabine zum Abendessen? S p a g h e t t i

3 You've just returned from a month long vacation, and there is no food in the house. The person who is in charge of cooking has handed you a grocery list. Group the items by the store where you would find them, so that you can shop more efficiently.

Einkaufszettel

Äpfel	Aufschnitt	Brezel
Brot	Butter	Eier
Gemüse	Hackfleisch	Käse
Milch	Obst	Salat
Semmeln	Tomaten	Wurst

Neuer Einkaufszettel

Wo?	Was?
Answers will vary. Possible answers:	
1. Obst- und Gemüseladen	Äpfel, Gemüse, Salat, Obst, Tomaten
2. Bäcker	Brot, Brezel, Semmeln
3. Metzger	Aufschnitt, Wurst, Hackfleisch
4. Supermarkt	Milch, Eier, Käse, Butter

Übungsheft, Teacher's Edition

German 1 Komm mit!, Chapter 8

Name _____ Klasse _____ Datum _____

4 What's your favorite meal? What groceries do you need to prepare it? Write a shopping list. **(Answers will vary.)**

```
Mein Einkaufszettel
_____
_____
_____
_____
_____
```

5 Kati and Jochen's mother is asking them to go shopping for her. Fill in the appropriate form of **sollen**.

MUTTI Kati, Jochen, könnt ihr für mich einkaufen gehen?

KATI **Sollen** wir nicht zuerst unsere Hausaufgaben machen?

MUTTI Nein, ich **soll** mit dem Kochen sofort anfangen, weil es schon so spät ist, und Vati und ich wollen heute Abend ins Kino gehen.

JOCHEN Was **sollen** wir denn kaufen?

MUTTI Obst, Gemüse, Wurst, Brot und Semmeln. Aber ihr **sollt** nicht in den Supermarkt gehen. Ich finde das Brot und das Gemüse dort nicht so frisch. Kati, du **sollst** in den Gemüseladen und in die Bäckerei....

KATI Und Jochen **soll** in die Metzgerei?

MUTTI Richtig, dann geht es schneller.

6 Write a paragraph describing what you and other family members are supposed to do around the house and how frequently.

BEISPIEL **Ich soll jeden Tag mein Zimmer aufräumen, aber ich mache das nur einmal in der Woche.**

Answers will vary. Possible answers:

Mein Bruder soll jede Woche den Rasen mähen, und er macht das auch. Meine Mutti

soll jeden Tag kochen, aber ich mache das oft für sie.

_____

_____

German 1 Komm mit!, Chapter 8   Übungsheft, Teacher's Edition

Name _____ Klasse _____ Datum _____

7 Marta's father is telling her what she needs to do this afternoon. Fill in their conversation with the correct forms of the verbs **machen, gehen, kaufen,** and **kochen**.

VATI Marta, __mach__ bitte deine Hausaufgaben, und dann __geh__ bitte einkaufen!

MARTA Was soll ich denn kaufen?

VATI __Kauf__ etwas Brot und Fleisch, und einige Tomaten und Salat!

MARTA Wo soll ich das denn kaufen?

VATI __Geh__ bitte in den Supermarkt, weil es dort schneller geht!

MARTA Wer macht das Abendessen?

VATI Du, bitte.

MARTA Was soll ich denn machen?

VATI __Mach__ mal amerikanische Hamburgers!

8 Someone asks you to do something, but you're feeling somewhat tired and cranky. Order your friend(s) to do it.

BEISPIELE Könnt ihr bitte Staub saugen? <u>Saugt Staub!</u>
Kannst du bitte dein Zimmer aufräumen? <u>Räum dein Zimmer auf!</u>

1. Kannst du bitte einkaufen gehen?

   Geh einkaufen!

2. Könnt ihr bitte das Brot holen?

   Holt das Brot!

3. Kannst du bitte den Tisch abräumen?

   Räum den Tisch ab!

4. Kannst du dieses Buch nehmen?

   Nimm dieses Buch!

5. Könnt ihr bitte das Essen kochen?

   Kocht das Essen!

Name _____ Klasse _____ Datum _____

■ Zweite Stufe

9 Look at the excerpt from a grocery store flyer below, and decide how much the quantities of the items on your list will cost you.

Deutsche Markenbutter 250 g-Packung 0̶,̶9̶0̶ **0,69**	**Deutscher Schnittkäse** mit Kümmel, grünem Pfeffer oder Paprika/Zwiebel, 45% Fett, 100 g 1̶,̶7̶9̶ **0,99**
Frischwurst Aufschnitt 6fach sortiert, 100 g bei uns nur 0̶,̶6̶5̶ **0,49**	**Hackfleisch** gemischt vom Rind und Schwein, 1 kg 2̶,̶8̶9̶ **2,49**
Kaisersemmeln knusprig und aromatisch, Stück 0̶,̶3̶3̶ **0,25**	**Italienische Tomaten** Klasse I, 1000 g 2̶,̶3̶0̶ **1,80**

Mein Einkaufszettel:

1. 1/2 Pfund Tomaten __0,45__
2. 200 Gramm Aufschnitt __0,98__
3. 1 Kilo Butter __2,76__
4. 2 Kilo Hackfleisch __4,98__
5. 400 Gramm Käse __3,96__
6. 10 Semmeln __2,50__

Name _____ Klasse _____ Datum _____

10 You are throwing a party for the entire German class. You will be grilling hamburgers and making a big salad. Write down the ingredients you will need, along with the quantity of each item. Based on the ad on page 89 about how much money do you think you will need?

Was brauche ich für meine Fete?   **Wie viel brauche ich?**

Answers will vary. _____   _____

_____   _____

_____   _____

_____   _____

_____   _____

Ich brauche _____ Euro für alles.

11 Put the sentences and questions of the conversation in the correct order.

___3___ Hackfleisch und Wurst. Sonst noch etwas?

___4___ Ja, ich brauche noch 100 g Aufschnitt.

___2___ Ja, ich möchte ein Pfund Hackfleisch und ein Kilo Wurst.

___1___ Haben Sie einen Wunsch?

___6___ Nein, danke. Das ist alles.

___5___ Haben Sie noch einen Wunsch?

12 Jan asks his mother what he can do to help with dinner. Fill in the missing words.

| besucht | spülen | koche | wir | geh |
| kann | kauf | dich | aufräumen | |

JAN   Mutti, was essen ___wir___ heute zum Abendessen?

MUTTI Ich glaube, ich ___koche___ Spaghetti.

JAN   Toll! Mein Lieblingsgericht! ___Kann___ ich helfen?

MUTTI Klar! ___Geh___ mal bitte in den Gemüseladen, und ___kauf___ ein Pfund Tomaten für mich!

JAN   Okay. Und was kann ich noch für ___dich___ tun?

MUTTI Dann kannst du das Geschirr ___spülen___ und das Wohnzimmer ___aufräumen___, denn heute Abend ___besucht___ uns deine Tante.

Name _____ Klasse _____ Datum _____

13 Herr Scholler goes shopping for Frau Scholler. Complete their conversation with the correct forms of the verbs from the box below.

> kaufen   gehen   haben   sollen   brauchen   sein

FRAU SCHOLLER   Harald, kannst du für mich einkaufen __gehen__?

HERR SCHOLLER   Natürlich. Was __soll__ ich denn kaufen?

FRAU SCHOLLER   Ich __brauche__ 200g Hackfleisch und ein Pfund Wurst.

HERR SCHOLLER   __Ist__ das alles?

FRAU SCHOLLER   Nein, ich brauche noch Semmeln, Butter und Käse. Und __kauf__ ein paar Tomaten, wenn sie frisch sind.

HERR SCHOLLER   Okay, Hackfleisch, Wurst, Semmeln, Butter, Käse. Hmm. Na, Gretchen, sag mal, __hast__ du etwas Geld? Ich habe keins!

14 Complete Heiko's essay using the list of words in the box below.

> heiße   er   kann   Wurst   essen   weil   sollen   und
> aus   und   ist   Salat   bin   mich   einkaufen   koche   Brot

Ich __heiße__ Heiko, und ich bin 16 Jahre alt. Ich wohne in Brandenburg, aber ich komme __aus__ Dresden. Ich wohne bei meinen Eltern __und__ meiner Schwester, Martina. Sie __ist__ erst 12. Ich __bin__ der Koch von der Familie. Ich __koche__ am liebsten italienisches und chinesisches Essen. Pizza ist das Lieblingsgericht von meinem Vater. Die mache ich heute Abend mit einem großen, grünen __Salat__ dazu. Ich muss jetzt __einkaufen__ gehen, __weil__ ich Tomaten und Salat brauche. Ich brauche auch noch etwas Brot. Ich will das __Brot__ beim Bäcker kaufen. Gestern habe ich Brot im Supermarkt gekauft, aber es war nicht besonders frisch und hat nicht gut geschmeckt.

KAPITEL 8 Zweite Stufe

German 1 Komm mit!, Chapter 8   Übungsheft, Teacher's Edition

Name _____ Klasse _____ Datum _____

■ Dritte Stufe

15 Help explain these people's preferences by using **denn** or **weil** to connect the two sentences.

1. Claudia isst nie Brokkoli. Brokkoli schmeckt ihr nicht.
   Claudia isst nie Brokkoli, denn Brokkoli schmeckt ihr nicht.

2. Georg isst gern Nudelsuppe. Sie schmeckt ihm gut.
   Georg isst gern Nudelsuppe, weil sie ihm gut schmeckt.

3. Hilde macht gern Pizza. Sie schmeckt ihr sehr.
   Hilde macht gern Pizza, weil sie ihr sehr schmeckt.

4. Harald kauft Brot beim Bäcker. Es schmeckt da besser.
   Harald kauft Brot beim Bäcker, denn es schmeckt da besser.

5. Gregor kauft alles im Supermarkt. Es geht dort schneller.
   Gregor kauft alles im Supermarkt, weil es dort schneller geht.

16 Write why these people aren't going to the café after school.

BEISPIEL Rolf / Fußball spielen
   <u>Rolf kommt nicht, weil er Fußball spielt.</u>

1. Susanne / Hausaufgaben machen
   Susanne kommt nicht, weil sie Hausaufgaben macht.

2. Alexander und Ulla / ins Kino gehen
   Alexander und Ulla kommen nicht, denn sie gehen ins Kino.

3. Antonio / keine Zeit haben
   Antonio kommt nicht, weil er keine Zeit hat.

4. Felix / nicht wollen
   Felix kommt nicht, weil er nicht will.

5. Ich / ????
   Answers will vary. Possible answer:
   Ich komme nicht, weil ich Hausaufgaben mache.

Name _____ Klasse _____ Datum _____

17 Put in the appropriate conjunction, **weil** or **denn**, based on the word order.

1. Ich will ins Café gehen, _____denn_____ ich möchte ein Eis essen.
2. Du sollst Brot beim Bäcker kaufen, _____denn_____ das Brot ist dort frischer.
3. Berndt will nicht schwimmen gehen, _____weil_____ es so kalt ist.
4. Birgit hat gestern ihre Hausaufgaben nicht gemacht, _____denn_____ sie will sie am Wochenende machen.
5. Jutta trinkt keine Cola, _____weil_____ Cola ungesund ist.

18 Match the beginnings of the sentences with their logical endings.

___c___ 1. Ich will ins Kino gehen,
___d___ 2. Udo hat eine 6 in Geschichte,
___e___ 3. Wir können kein Picknick machen,
___b___ 4. Ich kann das Geschirr nicht spülen,
___a___ 5. Ich kaufe Brot nur beim Bäcker,

a. weil es dort sehr frisch ist.
b. denn ich muss meine Hausaufgaben machen.
c. weil mein Lieblingsfilm läuft.
d. weil er seine Hausaufgaben nie macht.
e. weil es schneit.

19 Name two foods you really like and two you really dislike, and tell why you like or dislike them.

BEISPIEL <u>Ich esse nicht gern Pizza, weil ich nicht gern Tomaten esse.</u>

1. <u>Answers will vary.</u>

2. _____

3. _____

4. _____

KAPITEL 8 Dritte Stufe

German 1 Komm mit!, Chapter 8   Übungsheft, Teacher's Edition

Name _____ Klasse _____ Datum _____

20 Willi, Uwe and Norbert are talking about what they did yesterday. Fill in the correct form of the verb **sein**.

> waren   wart   war   warst

WILLI   Norbert und Uwe, wo __wart__ ihr gestern?

NORBERT Wir __waren__ bei mir zu Hause. Warum? Wo __warst__ du?

WILLI   Ich __war__ auch zu Hause. Wisst ihr, wo Karin und Annalore __waren__?

UWE   Nein, wo __waren__ sie?

WILLI   Sie __waren__ auf dem Land. Sie haben ein Picknick gemacht!

NORBERT Im Schnee?!?! Ich verstehe die Mädchen überhaupt nicht.

21 Write a sentence saying where these people were yesterday.

BEISPIEL **Du und Steffi / im Konzert**
          Ihr wart im Konzert.

1. Gustav / im Schwimmbad
   Gustav war im Schwimmbad.

2. Gerta und Roland / im Kino
   Gerta und Roland waren im Kino.

3. Heiko / in der Disko
   Heiko war in der Disko.

4. Du / beim Bäcker
   Du warst beim Bäcker.

5. Und du?
   Answers will vary.

22 Write a short paragraph describing where you were last weekend and what, if anything, you bought.

Answers will vary.

Am Freitag war ich im Kino. Am Samstag war ich im Kaufhaus. Ich habe Jeans und

ein T-Shirt gekauft. Am Sonntag war ich zu Hause.

Name _____ Klasse _____ Datum _____

Zum Lesen

23 Read through the following statements that were made by German-speaking students in the magazine *Juma*, and answer the questions that follow.

Guten Appetit, Melanie!

Welches Essen findest Du lecker? Vegetarisches Essen. Mein Lieblingsessen ist Kartoffeln mit Spinat und viel Knoblauch. **Warum bevorzugst Du die vegetarische Küche?** Mein Vater ist Vegetarier. Darum gibt es bei uns nur selten Fleisch. Ich mag es auch nicht. Außerdem möchte ich das Töten von Tieren nicht unterstützen. **Was steht auf dem Speiseplan einer Vegetarierin?** In der Schule esse ich Brot mit Sojacreme oder einen Apfel. Mittags gibt es viel Gemüse. **Verrätst Du uns ein Rezept?** Gerne! Brokkoli (Kohlsorte) dünsten, Kartoffeln mit Zwiebeln braten, das Ganze mit viel Knoblauch und Sojasoße würzen.

Guten Appetit, Lucas!

Was kommt auf Deinen Teller? Ich esse fast jeden Tag Fleisch. Nur Gemüse und Kartoffeln ist mir zu wenig. Da fehlt mir was. Eigentlich esse ich alles – bis auf Leber. Die mag ich nicht. **Ißt Du dreimal täglich?** Nein. Morgens frühstücke ich kaum. Zwischendurch hole ich mir Mozarella (italienische Käsesorte) und Tomaten. Wir haben einen großen Vorrat im Kühlschrank. **Kochst Du selber?** Ja, manchmal. Ich brate mir gerne ein Steak: medium, mit viel Pfeffer, Salz und Knoblauch. Dazu gibt es Champignons und Pellkartoffeln oder einen Salat.

"Guten Appetit, Johanna!," "Guten Appetit, Melanie!," "Guten Appetit, Lucas!," and "Guten Appetit, Jens!" from *JUMA Das Jugendmagazin*. Reprinted by permission of *Tiefdruck Schwann-Bagel GmbH.*

1. What is the general topic of the above statements?
   They are all talking about their favorite foods, and what they eat regularly.

2. Write a list of at least 6 cognates from the above statements. Next to each cognate, write the English equivalent.
   Answers will vary. Possible answers are: Spinat (spinach), Brokkoli (broccoli), Sojasoße (soy sauce), Steak (steak), Pfeffer (pepper), Salz (salt), Leber (liver), Salat (salad), Vegetarier (vegetarian)

3. Who probably has the healthier diet and why?
   Melanie probably has the healthier diet because she is a vegetarian.

4. What are some of the reasons that Melanie gives for eating the way she does?
   Melanie's father is a vegetarian, and she also doesn't like to kill animals.

5. Who cooks? What do they cook?
   Lucas cooks steaks with pepper and salt and potatoes or a salad.

6. Which of the people's statements do you identfy with most and why? If you don't identify with either statement, why not?
   Answers will vary.

Name _____ Klasse _____ Datum _____

■ Landeskunde

24 Based on your knowledge of German culture so far, what would you tell an American friend, who is visiting you in Germany, if he or she said the following?

1. I want to go grocery shopping and stock up for a whole month's worth of groceries.

   That won't be possible because there's not enough room in the refrigerator or freezer.

2. It's Sunday morning. There's nothing in the refrigerator and I am hungry. Let's go shopping.

   That won't be possible because the stores are closed on Sunday.

3. Why did the salesperson at the open air market get so angry with me when I started to bag my own apples?

   He got mad because they usually do it for you.

4. Why do you go grocery shopping every day?

   I don't have much room in my refrigerator.

KAPITEL 8 Landeskunde

96 Übungsheft, Teacher's Edition   German 1 Komm mit!, Chapter 8

KAPITEL 9: Amerikaner in München

Los geht's!

1 Look at the pictures and then read the conversations to the right. Then decide which conversation belongs with each picture.

1. _____

2. _____

a. — Die Säfte hier sind wirklich gut.
— Und die sind gesund!
— Möchtest du noch einen?
— Nein, danke! Keinen Saft mehr.

b. — Entschuldigung! Wie komme ich zum Rathaus?
— Also, ganz einfach! Du gehst geradeaus bis zur Ampel und dann nach links.
— Vielen Dank!

c. — Was esst ihr da?
— Es gibt Bratwurst und Leberkäs.
— Wie schmeckt's?
— Es schmeckt wirklich super.

d. — Ihr seid Amerikaner, nicht?
— Ja, wir kommen aus Kalifornien.
— Was macht ihr hier?
— Wir besuchen die Stadt.

Name _____ Klasse _____ Datum _____

■ Erste Stufe

2 You are creating a phrase book for tourists who know just a little bit of German. Put the following places in the correct categories below.

> die Bäckerei   die Bank   die Post   das Hotel   die Metzgerei   das Einkaufszentrum
> die U-Bahnstation   das Museum   der Marktplatz   das Rathaus
> das Theater   der Bahnhof   das Restaurant
> das Kaufhaus   der Supermarkt   die Imbissstube   die Kirche

Places to visit	Places to shop/ buy things	Places to eat	Important places for tourists
die Kirche	das Einkaufszentrum	das Restaurant	die Bank
das Museum	die Bäckerei	die Imbissstube	der Bahnhof
das Rathaus	die Metzgerei	das Hotel	das Hotel
das Theater	der Supermarkt		die Post
	das Kaufhaus		die U-Bahnstation
	der Marktplatz		die Kirche

3 You have won a whirlwind trip for two to Munich for the weekend! Make a list of 5 or 6 places you would like to visit while you're there.

> Nationalmuseum   Englischer Garten   Haus der Kunst   die Bank   Nationaltheater
> die Post   Restaurant „China Haus"   Chinesischer Turm   Frauenkirche   Neues Rathaus
> Hofbräuhaus

Answers will vary.

Name _____ Klasse _____ Datum _____

4 Below is a letter from a German teenager. Write a letter responding to her, giving her the information she has requested.

Hallo! Ich heiße Claudia, und ich komme aus Oberschleißheim, einer kleinen Stadt in der Nähe von München. Ich besuche deine Stadt nächsten Monat. Wenn ich da bin, möchte ich nämlich alle Kirchen, Museen, Rathäuser und so weiter besuchen. Und ich möchte auch in eine gute Disko gehen. Kannst du mir bitte schreiben und mir einen Stadtplan schicken? Vielen Dank. Ich freue mich sehr, dich bald kennen zu lernen.
Deine Claudia

Liebe Claudia!

Answers will vary.

Du möchtest also viele Kirchen und Museen besuchen? Das finde ich toll. Hier in

... ist die Paulskirche. Die findest du in der ... straße. Das Museum der modernen

Kunst ist auch in der ... straße, und das Rathaus ist am ... platz.

5 Ulrike, Meike, Heiko, and Fritz are visiting Munich from Regensburg. Since Meike has been there before, Heiko asks her where something is, but she doesn't quite understand what he means. Complete their conversation by filling in the missing forms of **wissen**.

HEIKO Meike, __**weißt**__ du, wo man in dieser Stadt Briefmarken kaufen kann?

MEIKE Du __**weißt**__ das nicht?

HEIKO Natürlich nicht, ich bin heute zum ersten Mal hier!

ULRIKE Was hat sie gesagt, Heiko? __**Weiß**__ sie, wo wir Briefmarken kaufen können?

MEIKE Kann es wirklich sein, dass ihr das nicht __**wisst**__?

FRITZ Natürlich __**wissen**__ wir es nicht. Heute ist unser erster Tag in München!

MEIKE Okay, ich sag es euch! In München kauft man Briefmarken in der Post!! Genau wie in Regensburg!

FRITZ Das __**wissen**__ wir doch! Aber WO IST DIE POST???!!!

MEIKE Ach so. Na ja. Hmmm. Das __**weiß**__ ich eigentlich auch nicht!

Name _____ Klasse _____ Datum _____

6 You are in Munich for the first time, and for some reason everybody seems to think you know where everything is. Tell them you don't know where the places they're looking for are. Be polite!

1. Entschuldigung! Wissen Sie, wo die Staatsoper ist?
   Answers will vary. Possible answers: Keine Ahnung! Ich bin nicht von hier.

2. Verzeihung! Ich kann die Post nicht finden. Wissen Sie, wo sie ist?
   Es tut mir Leid. Das weiß ich nicht.

3. Entschuldigung, wo ist das Rathaus, bitte?
   Keine Ahnung! Ich bin nicht von hier.

4. Verzeihung! Ich kann mein Hotel nicht finden. Wissen Sie, wo das „Hotel zum Roten Bären" ist?
   Es tut mir Leid. Ich bin nicht von hier. Ich komme aus Wien.

7 Tom has been invited by Jürgen to spend spring break with him in Munich. They were supposed to meet at the Rathaus, but Tom can't find it. Now he's trying to find out how to get there, but in his panic, he's forgotten how to be polite in German. Rephrase his questions so that they are more polite.

Answers will vary. Possible answers:

1. Wo ist das Rathaus? **Entschuldigung, wo ist das Rathaus bitte?**

2. Wo kann ich telefonieren?
   Verzeihung! Wissen Sie, wo ich telefonieren kann?

3. Wo ist der „Gasthof zur Post"?
   Entschuldigung, wissen Sie, wo der „Gasthof zur Post" ist?

4. Wo ist die U-Bahnstation?
   Entschuldigung, wo ist die U-Bahnstation, bitte?

8 You know that the **Theatinerkirche** is on **Theatinerstraße**, and that the **Hauptbahnhof** is on **Bayerstraße**, but you don't know where the **Nationalmuseum** and the **Ludwigskirche** are. Write four short conversations in which someone comes up to you and asks you where these places are. **Answers will vary. Possible answers:**

1. A. **Verzeihung! Wissen Sie, wo die Theatinerkirche ist?**
   B. **Ja. Sie ist in der Theatinerstraße.**

2. A. **Entschuldigung! Wissen Sie, wo der Hauptbahnhof ist?**
   B. **In der Bayerstraße.**

3. A. **Wissen Sie, wo das Nationalmuseum ist?**
   B. **Es tut mir Leid. Das weiß ich nicht.**

4. A. **Wissen Sie, wo die Ludwigskirche ist?**
   B. **Keine Ahnung. Ich bin nicht von hier!**

Zweite Stufe

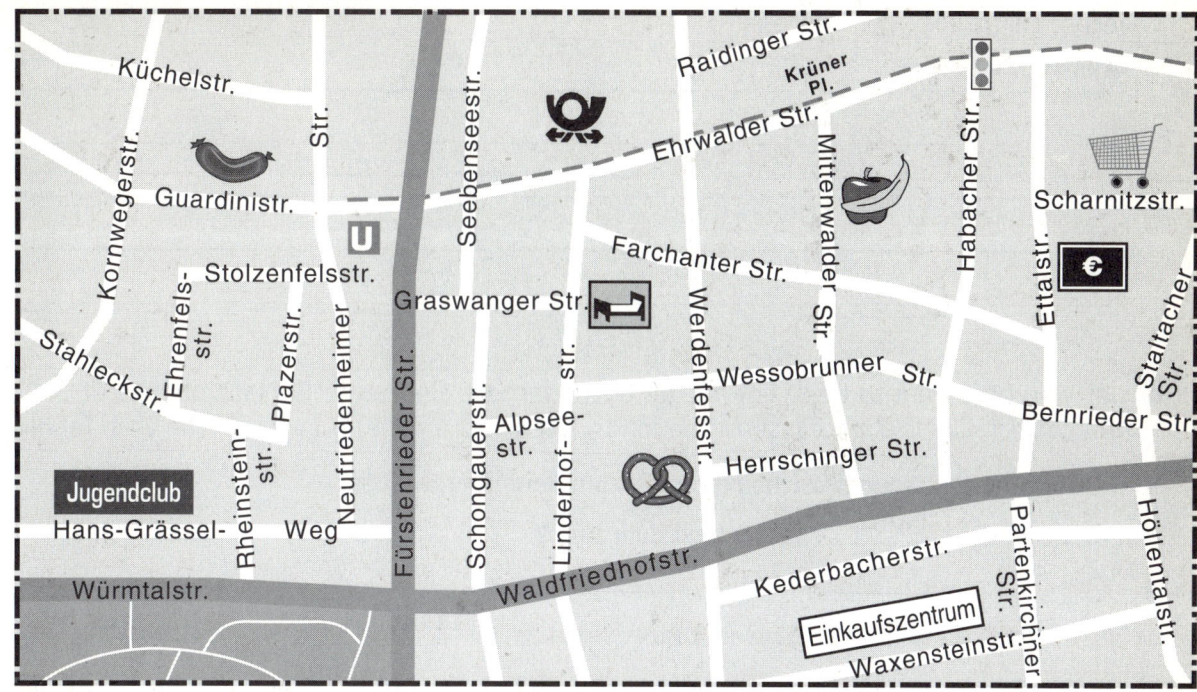

9 Look at the map above. You are at the corner of **Fürstenriederstraße** and **Graswangerstraße**. If you follow the directions given below, where will you end up?

a. Geh von hier geradeaus, dann nach rechts in die Ehrwalderstraße, dann geradeaus. Dann gehst du nach rechts in die vierte Straße. Und da siehst du ihn auf der linken Seite. ____Gemüseladen____

b. Von hier gehst du geradeaus, bis zur Waldfriedhofstraße, dann gehst du die dritte Straße nach links. Genau da ist sie auf der linken Seite. ____Bäckerei____

c. Gehen Sie geradeaus bis zur Waldfriedhofstraße. Sie gehen dann links in die Waldfriedhofstraße. Sie bleiben auf der Waldfriedhofstraße bis zur Partenkirchner Straße. Da gehen Sie nach rechts. Nehmen Sie dann die zweite Straße nach rechts, und da ist es auf der rechten Seite. ____Einkaufszentrum____

10 Ralf's cousin wrote down the directions from his house on **Scharnitzstraße** to the **Jugendclub** for Ralf. Unfortunately, the paper got wet and some of the words were smudged. Fill in the missing words so that Ralf can get there to meet his friends.

— Scharnitzstraße bis zur Ettalstraße
— __Links__ in die Ettalstraße
— __Rechts__ in die Farchanter Straße
— __Links__ in die Werdenfelsstraße (die __dritte__ Straße links). Dann __geradeaus__ bis zur Waldfriedhofstraße und nach rechts. Dann geradeaus bis __zur__ Fürstenriederstraße und wieder nach __rechts__.
— Dann die __erste__ Straße __links__ ist der Hans-Grässel-Weg.
— Der Jugendclub ist auf der rechten Seite, nach der Rheinsteinstraße.

Name _____ Klasse _____ Datum _____

11 You have invited the entire German class to your house for **Wienerschnitzel.** Write the directions to your house from the school for your classmates. Don't forget to include your address!

Answers will vary. _____

_____

_____

_____

_____

12 Jan and Uwe want to know how to get to the famous Benrather Schloss outside of Düsseldorf. Complete their conversation by filling in the missing forms of the verb **fahren.**

JAN Entschuldigung, wie kommen wir zum Benrather Schloss?

FRAU _____**Fahrt**_____ ihr mit dem Auto?

UWE Nein, wir haben kein Auto.

FRAU Man kann mit dem Zug oder Bus dahin _____**fahren**_____.

JAN Ich _____**fahre**_____ lieber mit dem Zug. _____**Fährst**_____ du auch gern mit dem Zug?

UWE Ja, lieber mit dem Zug. Wie kommen wir zum Bahnhof?

FRAU Ich _____**fahre**_____ normalerweise mit dem Bus. Die Nummer 27 _____**fährt**_____ von hier aus bis zum Bahnhof.

JAN Vielen Dank!

13 Below are three sets of directions from the **Rathaus** to the post office. Match each set of directions to the most appropriate drawing.

a. Gehen Sie diese Straße entlang, dann links in die Karl-Theodor-Straße bis zur zweiten Ampel. Dann gehen Sie links in die Rheinstraße. Die Post ist da auf der rechten Seite.

b. Geh diese Straße entlang, dann links in die Karl-Theodor-Straße bis zur zweiten Ampel. Dann gehst du links in die Rhein-straße. Die Post ist da auf der rechten Seite.

c. Geht diese Straße entlang, dann links in die Karl-Theodor-Straße bis zur zweiten Ampel. Dann geht ihr links in die Rhein-straße. Die Post ist da auf der rechten Seite.

1. __c__

2. __a__

3. __b__

4. __a__

Name _____ Klasse _____ Datum _____

14 Write questions asking the people pictured how to get to the following places. Be polite!

Answers will vary. Possible answers:

Entschuldigung! Wie komme ich zum Nationaltheater?

1. das Nationaltheater

Wisst ihr, wo die Disko ist?

2. die Disko

Verzeihung! Wissen Sie, wie ich zum Haxnhuber komme?

3. das Restaurant „Haxnhuber"

Weißt du, wo die U-Bahnstation Scheidplatz ist?

4. die U-Bahnstation Scheidplatz

15 Write sentences telling the people below to do certain things. Be sure to use the appropriate form of address.   Answers will vary. Possible answers:

1. your sister or brother: go to the post office and buy stamps

   Geh zur Post und kauf Briefmarken!

2. your German teacher: drive downtown

   Fahren Sie in die Stadt!

3. your friends Heike and Jochen: eat ice cream

   Esst ein Eis!

4. the President of the United States: go to the bakery and buy bread.

   Gehen Sie bitte zur Bäckerei und kaufen Sie Brot!

Name _____ Klasse _____ Datum _____

Dritte Stufe

16 Which of these foods are probably served at an **Imbissstube**? Cross out the foods that you are UNLIKELY to find there.

~~Äpfel~~   Apfelsaft
Bratwurst   ~~Pasta~~
Cola   ~~Eier~~
~~Eisbecher~~   ~~Hackfleisch~~
Hamburger   Hähnchen
Kaffee   ~~Karotten~~
Kartoffelsalat   Leberkäs
Limonade   Mineralwasser
Pizza   Semmeln
Suppe   ~~Tomaten~~
Weißwurst   ~~Zucker~~

17 A German friend is treating you to lunch at an **Imbissstube**. Tell him or her what you would like to order.

Imbissstube am Rathausplatz

Fischsuppe ~~~~~~~~~~~~~~~~ 1,50   Limonade ~~~~~~~~~~~~~~~~~~~ 1,30
Gulaschsuppe ~~~~~~~~~~~~~~ 1,50   Cola ~~~~~~~~~~~~~~~~~~~~~~~~ 1,30

Hähnchen vom Grill ~~~~~~~~ 3,50   Apfelsaft ~~~~~~~~~~~~~~~~~~~ 1,10
Weißwurst mit Senf ~~~~~~~~ 1,60   Mineralwasser ~~~~~~~~~~~~~~~ 0,90
Bratwurst mit Kartoffelsalat ~~ 1,90   Kaffee ~~~ ~~~~~~~~~~~~~~~~~ 1,20
Leberkäs mit Senf ~~~~~~~~~ 2,10   *Schnell etwas Gutes*
Gyros ~~ ~~~~~~~~~~~~~~~~~~ 3,00   *Schnell etwas Gutes*
Gemischter Salat ~~~~~~~~~~ 1,40   *Schnell etwas Gutes*
                                    Schnell etwas Gutes
                                    Schnell etwas Gutes

zum Essen   zum Trinken

Answers will vary.

18 After you've eaten, your friend asks if you'd like to eat or drink anything else, but you are pretty full, so you say no. Write a dialogue with his or her questions and your responses.

FREUND Answers will vary.

DU _____

FREUND _____

DU _____

FREUND _____

19 Eva is discussing her weekend plans with her friend Ute. Complete their conversation by filling in the missing words.

> meinen   einen   eine
> ein   dein   sein   deine

UTE Was machst du am Wochenende, Eva?

EVA Ich besuche __meinen__ Bruder Michael in München.

UTE Toll! Und was macht ihr, du und __dein__ Bruder?

EVA Wir besuchen __einen__ Freund von meinem Bruder, sehen uns die Stadt an und essen natürlich __eine__ Weißwurst oder __ein__ Gyros oder so.

UTE Tanzen __dein__ Bruder und __sein__ Freund gern? Ihr könnt in eine Disko gehen.

EVA Leider nicht. Nicht alle Leute tanzen so gern wie __dein__ Freund Gerd.

20 Marta and Tanja are discussing their eating habits. Complete their conversation by filling in the correct form of **kein**.

TANJA Marta, isst du gern Leberkäs?

MARTA Nein, ich esse überhaupt __keinen__ Leberkäs.

TANJA Isst du dann Weißwurst?

MARTA Nein, ich esse auch __keine__ Weißwurst.

TANJA Warum nicht?

MARTA Ich finde es ungesund, dass Leute so viel Fleisch essen. Ich esse überhaupt __kein__ Fleisch. Ich trinke auch __keine__ Cola und __keinen__ Kaffee.

Name _____ Klasse _____ Datum _____

21 Everybody's lost! Help these people find their way by supplying the correct conjunction, **weil**, **dass**, or **wo**.

FRAU Entschuldigung! Wissen Sie, ___wo___ das Hotel Tannenhof ist?

MANN Nein, ich weiß es leider nicht, ___weil___ ich nicht von hier bin.

FRAU Glauben Sie, ___dass___ es hier in der Nähe ist?

MANN Ich glaube schon, ___weil___ diese Straße Tannenstraße heißt, aber ich weiß nicht genau, ___wo___ es ist.

22 Using the expression **Ich glaube** or **Ich finde** and the conjunction **dass**, express your opinion about the following things and give a reason for each opinion.

Answers will vary. Possible answers:

1. Leberkäs

   Ich finde, dass Leberkäs toll ist, weil er bayrisch ist.

2. Vollkornsemmeln

   Ich glaube, dass Vollkornsemmeln gut sind, weil sie gesund sind.

3. Fußball

   Ich finde, dass Fußball schlecht ist, denn Fußball ist gefährlich.

4. Fernsehen

   Ich finde, dass Fernsehen langweilig ist, weil es einfach zu blöd ist.

5. Deutsch

   Ich finde, dass Deutsch toll ist, weil es Spaß macht.

Name _____ Klasse _____ Datum _____

Zum Lesen

23 Read the ads from a tourist guide book. Then complete the activities that follow.

INTERNATIONALE GASTLICHKEIT

- Caspiar -
Spezialitäten-Restaurant • Caviar-Verkauf • Eigener Caviar-Import
Gaumenfreuden für jeden Gourmet.
*Öffnungszeiten: Mo.-Sa. von 12.00-15.00 Uhr und 18.00-23.00 Uhr
Sonntags und Feiertage geschlossen.*
Caspiar • Prinzenstr. 4, 80639 München, Tel. 20 26 64

BABUSCHKA
Russisches Restaurant   geöffnet v. 18 bis 1 Uhr
Mi. Ruhetag Tel. 22 12 98 81249 München Sandbergstr. 16

RISTORANTE "DA GIORGIO" PIZZERIA
Alle Gerichte auch zum Mitnehmen!
täglich geöffnet von 11.00-23.30 Uhr
Telefon 25 53 84 Eibseestr. 21 • 81377 München

RESTAURANT ZUM MARKTPLATZ
Frühstück ab 9.00 Uhr Spezialität: hausgemachte Weißwurst
In der warmen Jahreszeit lädt ein ruhiger, romantischer
Biergarten im Innenhof zum angenehmen Aufenthalt ein.
Viktualienmarkt • 80803 München • Tel 22 86 49
Geöffnet: Mo. bis Fr. von 9-22 Uhr • Sa. 9-17 Uhr • So. 11-19 Uhr

...weltbekannt HAXNHUBER
GRILLRESTAURANT • HAXNBRATEREI
Bayrische Schmankerl, vom Grill und Spieß. Immer frische Knödel. Bier vom Fass. Wein aus deutschen Landen. Eigene Metzgerei. Gemütliche Stuben, Nebenzimmer und Festsaal. Bitte reservieren Sie rechtzeitig.
Tel. 20 38 94 Oberanger 2, 80331 München

---

a. Answer the following questions based on the texts.

1. Wie heißt das russische Restaurant? __Babuschka__
2. Was ist die Spezialität des Caspiar Restaurants? __Caviar__
3. Ab wann kann man am Samstag im „Restaurant zum Marktplatz" frühstücken?
   __9.00 Uhr__
4. Wo kann man Gerichte zum Mitnehmen bekommen? __Ristorante "Da Giorgio" Pizzeria__

b. Choose the most accurate definition of each of the following excerpts.

1. Restaurant zum Marktplatz: **In der warmen Jahreszeit lädt ein ruhiger, romantischer Biergarten im Innenhof zum angenehmen Aufenthalt ein.**
   a. During the cold season, you can have romantic encounters by the fire in our living room.
   (b.) During the warm season, you can have pleasant conversations in the peaceful, romantic garden in our courtyard.
   c. During the warm season, our romantic waitstaff will serve you in the garden in our courtyard.

2. Haxnhuber Restaurant: **eigene Metzgerei**
   a. located near the butcher shop
   b. vegetarian restaurant, we serve no meat
   (c.) We have our own butcher shop.

3. Haxnhuber Restaurant: **Bitte reservieren Sie rechtzeitig.**
   a. Please register your car with the valet.
   (b.) Please make a reservation in advance.
   c. Please be on time for your reservation.

c. In welchem Restaurant möchtest du essen? Warum?

__Answers will vary. Possible answer: Ich möchte gern im Babuschka essen, weil ich__
__gern russisch esse.__

Name _____ Klasse _____ Datum _____

■ Landeskunde

24 Read each of the following situations. Use your cultural knowledge of German-speaking countries to explain what you think happened.

a. You finally get to the town your friend lives in in Germany. You have rented a car and want to meet him downtown, but all the streets around downtown are blocked off. What do you have to do and why?

In many cities the main streets of the Innenstadt are closed to traffic and are

designated Fußgängerzone. You will have to park your car and walk.

b. You are wandering around Heidelberg, a beautiful town in **Baden-Württemberg**. You are hungry, so you go to an **Imbissstand** and order a **Weißwurst**. The clerk looks at you as if you were from Mars. You know he understood you perfectly, because your German is very good. How can you explain this behavior? Could something like this happen in the United States? Why or why not?

Weißwurst is a Bavarian specialty that is not usually served at Imbissstände in other

parts of the country.

KAPITEL 10 — Kino und Konzerte

Name _____ Klasse _____ Datum _____

■ Los geht's!

1 Complete the following survey about what you do in your free time.

Wie verbringst du deine Freizeit?

Hörst du gern Musik? ☐ ja ☐ nein
Was für Musik hörst du gern?
☐ Rock and Roll
☐ Country
☐ klassische Musik
☐ Oper

Was ist deine Lieblingsgruppe? _____

Gehst du gern ins Kino? ☐ ja ☐ nein
Was für Filme siehst du gern?
☐ Fantasyfilme
☐ Komödien
☐ Liebesfilme
☐ Actionfilme

Was ist dein Lieblingsfilm? _____

Machst du gern Sport? ☐ ja ☐ nein
Was für Sportarten machst du gern?
☐ joggen
☐ Rad fahren
☐ kegeln

Was ist dein Lieblingssport? _____

Diskutierst du gern mit Freunden? ☐ ja ☐ nein
Worüber diskutierst du gern?
☐ Filme
☐ Musik
☐ Stars

Was ist dein Lieblingsthema? _____

German 1 Komm mit!, Chapter 10   Übungsheft, Teacher's Edition

Name _____ Klasse _____ Datum _____

Erste Stufe

2 Arrange the following types of films from your most favorite to your least favorite.

> Komödien Krimis Western Actionfilme Kriegsfilme
> Horrorfilme Liebesfilme Abenteuerfilme Sciencefictionfilme

1. **Answers will vary.**
2. _____
3. _____
4. _____
5. _____
6. _____
7. _____
8. _____
9. _____

3 Use the expressions in the box to say how much you like or dislike the following kinds of films and music.

> nicht so gern   gar nicht gern   furchtbar gern   besonders gern
> überhaupt nicht gern   ziemlich gern

BEISPIEL   klassische Musik
   Ich mag klassische Musik ziemlich gern.

1. Opern
   Answers will vary.

2. Horrorfilme
   _____

3. Rockmusik
   _____

4. Komödien
   _____

5. Western
   _____

Name _____ Klasse _____ Datum _____

4 Do you know these famous people? How much do you like their work?

BEISPIEL der amerikanische Schauspieler und Regisseur Woody Allen
<u>Ich kenne Woody Allen, aber ich mag seine Filme nicht.</u>

1. der deutsche Regisseur Wim Wenders   Answers will vary. Possible answers:

   Ich kenne Wim Wenders, und ich mag seine Filme.

2. der irische Sänger Bono von U2

   Ich kenne Bono, und ich finde seine Musik super.

3. der deutsche Tennisspieler Boris Becker

   Ich kenne Boris Becker, aber ich mag ihn nicht so gern.

4. der deutsche Autor Günter Grass

   Ich kenne Günter Grass nicht.

5. der deutsche Rocksänger Herbert Grönemeyer

   Ich kenne Herbert Grönemeyer nicht, aber ich mag Rockmusik.

5 Use **mögen** to say what kind of music or films these people like.

BEISPIEL **Andrea/Punkrock**
<u>**Andrea mag Punkrock.**</u>

1. Jürgen / David Bowie

   Jürgen mag David Bowie.

2. David und Lore / die Musik von Bach

   David und Lore mögen die Musik von Bach.

3. Du und Thomas / Rockmusik

   Du und Thomas (ihr) mögt Rock.

4. Meine Freunde und ich / ??

   Wir mögen (answers will vary).

5. Ich / ??

   Ich mag (answers will vary).

KAPITEL 10 Erste Stufe

Name _____ Klasse _____ Datum _____

6 Jürgen has called Tom on the phone to ask him if he wants to go to a movie. Complete their conversation by filling in the missing forms of **kennen**.

JÜRGEN Tom, möchtest du mit mir ins Kino gehen? Es läuft ein neuer Film von Wim Wenders.

TOM Wim Wenders? Wer ist das? Ich __kenne__ ihn nicht.

JÜRGEN „Paris, Texas"? Den sollst du __kennen__; du wohnst doch in Texas!

TOM Nein, aber vielleicht __kennen__ meine Eltern seine Filme. Moment mal. (Er schreit zu seinen Eltern:) Mutti! Vati! __Kennt__ ihr die Filme von ...

7 Complete each statement with the appropriate form of **mögen** and then say whether you agree or disagree.

BEISPIEL Ich _mag_ gern Abenteuerfilme. <u>Ich auch!</u> oder <u>Ich nicht!</u>

1. Hans __mag__ gern Komödien. __Answers will vary.__
2. Wir __mögen__ gern Opern. _____
3. Karl und Diana __mögen__ klassische Musik gern. _____
4. Ihr __mögt__ Kriegsfilme gern. _____
5. __Magst__ du gern Horrorfilme? _____

8 Use **was für** + accusative to form questions based on each of the answers given below.

BEISPIEL <u>Was für Filme magst du gern?</u>
　　　　　<u>Ich mag gern Western.</u>

1. __Was für Musik magst du gern?__

   Ich mag gern klassische Musik.

2. __Was für Sport machst du gern?__

   Ich spiele gern Tennis.

3. __Was für Konzerte hörst du gern?__

   Ich höre gern Rockkonzerte.

4. __Was für Obst isst du gern?__

   Ich esse Äpfel gern.

Zweite Stufe

9 Use the adjectives below to describe each type of film.

> phantasievoll   brutal   spannend   traurig   grausam   sensationell
> dumm   interessant   langweilig   doof   schön   schmalzig   lustig

1. Abenteuerfilme sind Answers will vary.
2. Actionfilme sind _____
3. Horrorfilme sind _____
4. Komödien sind _____
5. Kriegsfilme sind _____
6. Krimis sind _____
7. Liebesfilme sind _____
8. Sciencefictionfilme sind _____
9. Western sind _____

10 Was möchtest du lieber tun?

BEISPIEL   eine Oper sehen/einen Horrorfilm sehen
Ich möchte lieber eine Oper sehen.

1. eine Komödie sehen/einen Sciencefictionfilm sehen
   Answers will vary. Possible answers: Ich möchte lieber eine Komödie sehen.

2. einen Kriegsfilm sehen/einen Liebesfilm sehen
   Ich möchte lieber einen Liebesfilm sehen.

3. einen Actionfilm sehen/ein Buch lesen
   Ich möchte lieber einen Actionfilm sehen.

4. eine Fernsehsendung schauen/eine Oper sehen
   Ich möchte lieber eine Oper sehen.

5. einen Abenteuerfilm sehen/eine CD von Phil Collins hören
   Ich möchte lieber eine CD von Phil Collins hören.

Name _____ Klasse _____ Datum _____

11 For each category below, write a sentence describing your favorite type.

BEISPIEL Sport: Ich mag Volleyball am liebsten.   Answers will vary. Possible answers:

1. Filme: Ich mag Komödien am liebsten.
2. Bücher: Ich mag Krimis am liebsten.
3. Musik: Ich mag klassische Musik am liebsten.
4. Schulfächer: Ich mag Deutsch am liebsten.
5. Essen: Ich mag Pizza am liebsten.

12 Alexander and Hermann are at a party. Complete their conversation by filling in the missing forms of the verb **sehen**.

ALEXANDER Hermann, __siehst__ du das Mädchen da?

HERMANN Nein, ich __sehe__ kein Mädchen.

ALEXANDER Da, Hermann, dort drüben!

HERMANN Ach da! Ja. Und?

ALEXANDER Sie heißt Britta, und sie __sieht__ gern Filme.

HERMANN Was für Filme __sieht__ sie gern?

ALEXANDER Actionfilme, Abenteuerfilme. Sie __sieht__ Sciencefictionfilme besonders gern.

HERMANN Wirklich? Vielleicht will sie mit mir einen Film __sehen__.

ALEXANDER Geh, Mensch, und frag sie, wenn du nicht zu schüchtern bist!

13 Restate each of the following using **gern haben**.

BEISPIEL Ich mag Komödien.   Ich habe Komödien gern.

1. Hans mag klassische Musik.

   Er hat klassische Musik gern.

2. Wir mögen Kriegsfilme nicht.

   Wir haben Kriegsfilme nicht gern.

3. Sven und Lars mögen schwedische Filme.

   Sie haben schwedische Filme gern.

4. Ihr mögt keine Musik.

   Ihr habt Musik nicht gern.

5. Du magst mich nicht?

   Du hast mich nicht gern?

Name _____ Klasse _____ Datum _____

14 Imagine that you don't like to do anything. Use the appropriate form of **kein** when you respond to the following questions.

BEISPIEL Willst du am Samstag mit mir in die Oper gehen?
Nein, danke. Ich mag keine Opern.

1. Möchtest du einen Horrorfilm sehen?
   Nein, danke. Ich mag keine Horrorfilme.

2. Liest du die *Süddeutsche Zeitung* gern?
   Nein, ich lese keine Zeitungen.

3. Möchtest du mit mir ins Konzert gehen?
   Nein, danke. Ich mag keine Konzerte.

4. Willst du mir mit der Hausarbeit helfen?
   Nein, ich mache keine Hausarbeit.

15 Use **dass** and the words below to express your opinions about the following types of movies.

> brutal dumm lustig spannend traurig grausam
> phantasievoll doof schmalzig sensationell

BEISPIEL Actionfilme: Ich finde, dass Actionfilme doof sind.

1. Krimis: Answers will vary. Possible answers: Ich finde, dass Krimis spannend sind.
2. Liebesfilme: Ich finde, dass Liebesfilme schmalzig sind.
3. Western: Ich finde, dass Western doof sind.
4. Komödien: Ich finde, dass Komödien lustig sind.
5. Horrorfilme: Ich finde, dass Horrorfilme grausam sind.
6. Sciencefictionfilme: Ich finde, dass Sciencefictionfilme sensationell sind.

Name _____ Klasse _____ Datum _____

Dritte Stufe

16 Find the eight kinds of reading materials hidden in the puzzle.

BUCH
ROMAN
LIEBESROMAN
GRUSELROMAN
SACHBUCH
ZEITUNG
ZEITSCHRIFT
HOBBYBUCH

```
V P P R H J X I B E D E M H Y K N
L H I A O J X Q P A D B W D V A N
T D Q C B B X O O C L F E U M U U
A D N N B T L I E B E S R O M A N
P R J X Y C G B A X L X R O Y Q W
U U X Y B N T W N I P L W D Q H A
A I Y F U I W D L L E F I R M U N
U E A T C C S C L S M O M P Y J O
R U I M H C J I U R M I K S W A X
W E O P J U H R Q K D D E M E I T
Z G S M V C G M A A I U S W N C I
S N J G U Q O D L T I A Y Y A H W
T M O B R O V C L Q C Y G U M F K
K N Q J O U Q Y G H R R Y O C B
M B W T W S M G B B X A N V R X E
R L X P Q D F U B X T W B V U X V
P X U R Q V C E K K A G Q N J P T
K E F G S H W H N Q C F F J U P U
J H Z E I T S C H R I F T U H N S
```

17 Rank the discussion topics below according to how much you like or dislike to talk about each one.

| deine Familie | die Zukunft | Religion | Freunde | Schule | Musik | Politik | Mode | Geld |

nicht gern

Answers will vary.
_____
_____
_____

gern

_____
_____
_____

am liebsten

_____
_____
_____

Name _____ Klasse _____ Datum _____

18 Write whether you like or don't like to read each of the following types of books and explain why.

Answers will vary. Possible answers:

Liebesromane Ich lese Liebesromane gern, weil sie schmalzig sind.

Gruselromane Ich lese Gruselromane nicht gern, weil sie grausam sind.

Sachbücher Ich lese Sachbücher gern, weil sie interessant sind.

Zeitungen Ich lese Zeitungen nicht gern, weil sie langweilig sind.

Zeitschriften Ich lese Zeitschriften gern, weil sie lustig sind.

Hobbybücher Ich lese Hobbybücher nicht gern, weil ich kein Hobby habe.

19 Tom and Frau Möller, Tom's German teacher, are talking about what they like to read. Complete their conversation by filling in the missing forms of **lesen**.

TOM Was __lesen__ Sie gern, Frau Möller?

FRAU MÖLLER Ich __lese__ gern Zeitungen und Zeitschriften aus Deutschland.

TOM Sie __lesen__ keine Bücher?

FRAU MÖLLER Ich __lese__ Bücher sehr gern, aber ich habe nie Zeit, weil ich immer so viele Deutschaufsätze __lesen__ muss. __Liest__ du gern, Tom?

TOM Ja, sehr gern! Ich __lese__ Bücher am liebsten.

FRAU MÖLLER Was für Bücher __liest__ du gern? Liebesromane?

TOM Nein, nein. Meine Eltern __lesen__ sie gern, aber ich __lese__ am liebsten Fachbücher.

FRAU MÖLLER Worüber __liest__ du denn?

TOM Meistens über Computer. Ich arbeite sehr gern mit Computern.

20 Put the elements in order to form sentences or questions. Be sure to use the correct forms of the verbs.

1. sprechen / ihr / am liebsten / worüber?

   Worüber sprecht ihr am liebsten?

2. wir / über / Politik / sprechen / gern

   Wir sprechen gern über Politik.

3. über / er / Mode / gesprochen / haben

   Er hat über Mode gesprochen.

German 1 Komm mit!, Chapter 10   Übungsheft, Teacher's Edition

4. am liebsten / ich / über / sprechen / Filme

Am liebsten spreche ich über Filme.

5. du / worüber / gern / sprechen?

Worüber sprichst du gern?

21 Meike and Felix are talking about what they did last weekend. Complete their conversation by filling in the missing participles, **gemacht**, **gelesen**, and **gesehen**.

MEIKE Sag mal, Felix, was hast du am Wochenende ___**gemacht**___?

FELIX Ich habe ein ganzes Buch ___**gelesen**___, einen Film ___**gesehen**___, und ich habe natürlich meine Hausaufgaben ___**gemacht**___. Und du?

MEIKE Ich habe nichts Besonderes ___**gemacht**___. Ich habe nur die Zeitung ___**gelesen**___ und etwas Hausarbeit ___**gemacht**___. Das war alles.

FELIX Ein langweiliges Wochenende, nicht?

MEIKE Ja. Welchen Film hast du ___**gesehen**___?

FELIX „Michael Collins". Sehr spannend.

MEIKE Ja, ich habe ihn letztes Wochenende ___**gesehen**___. Der war Spitze!

22 Was hast du am Wochenende gemacht?

Answers will vary.

Name _____ Klasse _____ Datum _____

Zum Lesen

23 a. Katrin, Ulla and Anja are in a band called „3 Girlz". Read their statements below and answer the questions that follow.

Katrin
Ich spiele seit 2 Jahren Gitarre. Meine größten Einflüsse sind BAP, Ina Deter, Garth Brooks und natürlich Elvis Costello. Ich besuche viele Konzerte, weil Musik mir sehr viel bedeutet und mein größtes Hobby ist. Ich lese am liebsten Krimis und sehe gern alte Filme wie „Casablanca" und „Singing in the Rain". Mein Lieblingsschauspieler ist Bogey, und meine Lieblingsschauspielerin ist Katherine Hepburn. Ich finde, Robert Redford sieht ziemlich gut aus, aber seine Filme sind langweilig.

Ulla
Ich bin JUNG und ich bin WILD! Ich spiele Klavier—kann es nie LAUT genug spielen! Ich hasse alle Filme aus Hollywood! Ich hasse alle Filme aus Frankreich. Ich hasse Filme überhaupt! Aber ich lese und lese und lese. Ich liebe Wörter! Ich bin die Lyrikerin der Gruppe, und ich schreibe alle Texte! Ich spiele Schlagzeug gern, weil es sehr laut ist.

Anja
Ich bin die Sängerin der „3 Girlz", obwohl ich nie die Texte schreibe. Ich habe aber fast alle unsere Musik komponiert. Ich mag natürlich Country Western und auch Punk, aber ich habe Opern auch sehr gern, besonders Mozart. Meine musikalischen Haupteinflüsse sind Mozart, Puccini, Wagner und natürlich Bach. Ich habe Gesang von meiner Mutter gelernt. Sie hat an der Musikhochschule studiert. Ich gehe oft ins Kino. Ich bin wirklich ein Film Freak und sehe fast jeden Film, der läuft.

1. Was spielt Katrin? **Gitarre**
2. Was spielt Ulla? **Klavier**
   Was möchte sie spielen? **Schlagzeug**
   Warum? **weil es sehr laut ist**
3. Wer ist ein Film Freak? **Anja**
4. Wer sieht alte Filme gern? **Katrin**
5. Wer mag keine Filme? **Ulla**
6. Wer schreibt die Texte für die Gruppe? **Ulla**
7. Wer komponiert die Musik? **Anja**

b. Read the opinions below and tell whether you agree or disagree with each.

1. „Ich habe Opern sehr gern, besonders Mozart." **Answers will vary. Possible answers:**
   Das finde ich nicht. Ich finde Opern langweilig.

2. „Ich hasse alle Filme aus Hollywood!"
   Ich nicht! Ich mag Filme aus Hollywood.

3. „Mein Lieblingsschauspieler ist Bogey."
   Bogey ist auch mein Lieblingsschauspieler.

c. Imagine that the Band is called „4 Girlz" or „3 Girlz und ein Boy", and you are the fourth member. Write a bio for yourself to be included in the CD booklet.
   Answers will vary.

Name _____ Klasse _____ Datum _____

■ Landeskunde

24 Read the situations below. Use your cultural knowledge of the German-speaking countries to explain what you think happened.

a. You are having a little trouble understanding German when the speakers talk quickly or when you are watching television. Your friends want to go to the movies, but you would rather not go because you are afraid you won't understand what is going on. They talk you into going, and as an American movie buff, you have no trouble understanding the movie at all. How can you explain this?

The movie was probably American. American movies are very popular in the

German-speaking countries. They are often dubbed into German, but sometimes

they are shown with the original soundtrack and subtitles.

_____

_____

_____

_____

b. You and your friend Sandra have promised to take care of her 8-year-old brother for the evening and you decide to take him to the movies. You check the newspaper for the **R**, **PG**, and **G** ratings of some movies so you can decide what to see. You can't find them. Why?

The German rating system is not the same as the United States' system. German

movies are rated by ages. „Ab 12 J.", for example, indicates that children must be

at least 12 years old to see the movie.

_____

_____

_____

_____

KAPITEL 11 Der Geburtstag

■ Los geht's!

1 Look at the pictures and read the excerpts from the conversations. Decide which conversations go with which scenes.

Was sollen wir dem Michael überhaupt schenken?

a.

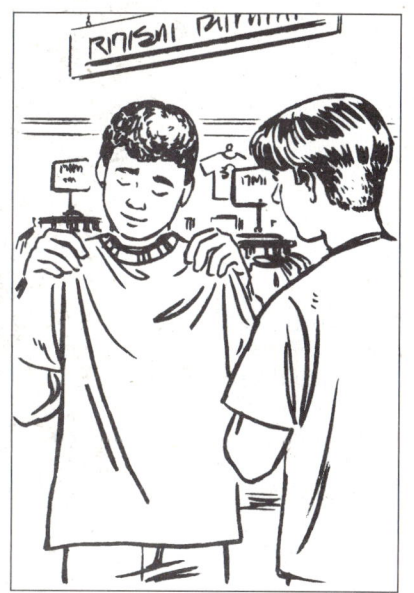
b.

c.

__c__ 1. — Der Michael liest sehr gern.
— Das stimmt, aber ich weiß nicht genau, was er mag.
— Ja, und die Bücher hier sind sowieso zu teuer.

__a__ 2. — Musik ist immer ein tolles Geschenk. Wir können dem Michael eine Kassette schenken. Aber welche?
— Diese Gruppe hat er besonders gern.
— Ja, und die Kassette ist ganz neu. Die hat er bestimmt noch nicht!

__b__ 3. — Meinst du, das gefällt ihm?
— Ja! Er trägt solche Sachen sehr gern. Du, welche Größe hat er?
— Keine Ahnung! Weißt du es auch nicht?
— Nein. Schade!

Which gift do they probably get for Michael? __die Kassette__

Name _____ Klasse _____ Datum _____

Erste Stufe

2 Find the ten words that have to do with making a phone call.

TELEFONIEREN
APPARAT
HÖRER
TELEFONZELLE
MÜNZEN
ABHEBEN
AUFLEGEN
ANRUFEN
NUMMER
WÄHLEN

```
K Y S N E R E I N O F E L E T
I A F Ö S N I E E F E N H C E
S I P E D O G R B R S M C N S
N E K P E E L Ä E S S Ü A E S
V R W R A E Ö M H H T N P G E
T E Ä F P R K M B P R Z P E N
B R H M Z X A N A U A E E L U
N Ö L Y E E E T F S C N T F M
E H E K K Ü O E S C Ö Y A U M
Q P N D G M N N L W Q V J A E
A X T E L E F O N Z E L L E R
```

3 Order these steps logically to tell someone how to make a call on a pay phone.

___3___ Dann steckt man die Münzen ein.

___6___ Dann sagt man: „Auf Wiederhören!"

___2___ Dann hebt man den Hörer ab.

___7___ Dann legt man den Hörer auf.

___1___ Zuerst geht man in die Telefonzelle.

___4___ Dann wählt man die Nummer.

___5___ Dann sagt man: „Hallo, hier ist ...".

4 Write a phone conversation in which you try to call a friend, but instead a parent, sibling, or other housemate answers. Leave a message for your friend and be sure to say why you've called.

DU **Answers will vary.** _____

ANDERE PERSON _____

DU _____

ANDERE PERSON _____

DU _____

ANDERE PERSON _____

DU _____

ANDERE PERSON _____

Name _____ Klasse _____ Datum _____

5 Herr Vandergriff is teaching his kindergarten class how to use a pay phone. Add the prefixes of the separable verbs to complete the demonstration.

> auf   ab   ein   an

Jetzt, Kinder, rufe ich meine Mutti __**an**__. Zuerst hebe ich den Hörer __**ab**__. Dann stecke ich die Münzen __**ein**__. Dann wähle ich die Nummer. Dann sage ich: „Hallo, Mutti, ich bin's!" und so weiter und so fort. Dann sage ich: „Wiederhören!" Und dann lege ich den Hörer __**auf**__. Fragen?

6 Put the elements below into logical sentences. Don't forget to separate the verb prefixes and use the appropriate forms of the verbs.

1. ich / meinen Freund Jürgen / anrufen
   Ich rufe meinen Freund Jürgen an.

2. zuerst / ich / abheben / den Hörer
   Zuerst hebe ich den Hörer ab.

3. ich / einstecken / die Münzen / dann
   Dann stecke ich die Münzen ein.

4. dann / Jürgens Nummer / ich / wählen
   Dann wähle ich Jürgens Nummer.

5. sein / es / besetzt / leider
   Leider ist es besetzt.

6. den Hörer / auflegen / ich
   Ich lege den Hörer auf.

7. später / anrufen / Jürgen / ich
   Ich rufe Jürgen später an.

KAPITEL 11 Erste Stufe

Name _____ Klasse _____ Datum _____

7 The phone is ringing, but Herr Blomstedt can't get to it. He's trying to explain to his 3-year-old son how to answer the phone. Fill in the missing words.

Nummer   Apparat   Telefon   Hörer

HERR B Ach nein, da klingelt es. Willi, das __Telefon__ klingelt.

WILLI Was?

HERR B Heb den __Hörer__ ab, Willi, und sag „Blomstedt"!

WILLI Was?

HERR B Geh zum __Apparat__, heb den __Hörer__ ab, sag „Hallo"!

WILLI Was?

[the phone stops ringing]

HERR B Ach, das war wahrscheinlich deine Mutti, Willi.

WILLI Was?

HERR B Willi, bring mir den __Hörer__ und dann wähl die __Nummer__ deiner Mutti im Büro! Dann kann ich mit ihr sprechen.

WILLI Was?

HERR B Nichts.

[the phone rings again]

HERR B Ach nein. Willi, das __Telefon__ klingelt wieder!

WILLI Was?

Name _____ Klasse _____ Datum _____

8 Read the three short messages left on the answering machine at the Neyer household. Then fill in each **Gesprächsnotiz** with the appropriate information.

1. Hallo, hier ist die Martina. Ich rufe die Sarah an. Bist du da, Sarah?... Nein? ... Nicht? Okay. Ich wollte nur sagen, dass ich am Samstag eine Fete für Gregor plane. Er hat am Freitag Geburtstag. Ruf mich an, ich sag dir die Zeit und so weiter! Du hast ja meine Nummer! Tschüs!

2. Guten Tag, Herr Neyer! Ich rufe von Schmidts Verkehrsamt an. Sie haben vielleicht ein Wochenende für zwei Personen in München gewonnen! Sie müssen uns nur anrufen und sagen, welches Verkehrsamt Ihr Lieblingsverkehrsamt ist. Wenn Ihr Anruf die spezielle Glücksnummer hat, dann sind Sie der Gewinner. Rufen Sie uns unter 440 44 00 an, und finden Sie heraus, ob Sie der Gewinner sind!

3. Frau Neyer, hier ist Herr Walter, der Englischlehrer von Ihrem Sohn, Mathias. Ich möchte Sie gern sprechen, weil Ihr Sohn dieses Jahr leider nur eine 5 in Englisch bekommt. Ich möchte mit Ihnen über diese Situation sprechen. Rufen Sie mich bitte entweder zu Hause an, unter 71 72 73, oder in der Schule, 61 62 63. Vielen Dank! Auf Wiederhören!

---

1. **Gesprächsnotiz**

   mit _____

   Straße _____ Ort _____

   Vorwahl _____ Ruf _____

   Betreff: _____

   Unterschrift: _____

   Uhrzeit: 7 | 8 | 9 | 10 | 11 | 12 | 13 | 14 | 15 | 16 | 17 | 18
   Tag: 20

---

2. **Gesprächsnotiz**

   mit _____

   Straße _____ Ort _____

   Vorwahl _____ Ruf _____

   Betreff: _____

   Unterschrift: _____

   Uhrzeit: 7 | 8 | 9 | 10 | 11 | 12 | 13 | 14 | 15 | 16 | 17 | 18
   Tag: 20

---

3. **Gesprächsnotiz**

   mit _____

   Straße _____ Ort _____

   Vorwahl _____ Ruf _____

   Betreff: _____

   Unterschrift: _____

   Uhrzeit: 7 | 8 | 9 | 10 | 11 | 12 | 13 | 14 | 15 | 16 | 17 | 18
   Tag: 20

KAPITEL 11 Zweite Stufe

Zweite Stufe

9 Write an appropriate greeting for each of the following occasions.

1. A friend's birthday: **Herzlichen Glückwunsch zum Geburtstag!**
2. Mother's Day: **Alles Gute zum Muttertag!**
3. Wedding anniversary: **Gute Wünsche zum Hochzeitstag!**
4. Easter: **Frohe Ostern!**
5. Christmas: **Fröhliche Weihnachten!**
6. Hanukkah: **Frohes Chanukka–Fest!**

10 Write complete sentences telling when these people have their birthdays.

BEISPIEL   <u>Sylvia hat am 23. Mai Geburtstag.</u>

1. Jutta hat am 6. März Geburtstag.
2. Hans hat am 22. Juni Geburtstag.
3. Klaus hat am 2. April Geburtstag.
4. Diana hat am 20. Mai Geburtstag.
5. Werner hat am 16. Juli Geburtstag.

11 Use the space at the right to design an invitation to a party you are going to have. Be sure to include the following information: **Wo? Wann? Warum? Für wen?**

12 Jutta, Andrea, and Bettina are planning a party. Complete their conversation by filling in the missing words and prefixes.

JUTTA   Also, die Fete __**ist**__ am Samstag bei dir, Andrea.

ANDREA   Wen laden wir __**ein**__?

BETTINA   Keine Jungen! Nur Mädchen. Dann können wir über die Jungen __**sprechen**__.

ANDREA   Nein, Bettina, das ist gemein. Wir __**sollen**__ alle einladen.

JUTTA   Okay. Ich rufe die Jungen __**an**__, und du __**rufst**__ die Mädchen an, Andrea.

BETTINA   Okay. Wenn die Jungen kommen, __**lade**__ ich Oskar ein.

Name _____ Klasse _____ Datum _____

13 Use the words in the box below to create six greetings.

> Geburtstag Fest Gute zum Weihnachten Glückwunsch
> Chanukka Ostern fröhliche Gute frohe Gute
> herzlichen Wünsche alles Geburtstag Muttertag Hochzeitstag

1. Alles Gute zum Geburtstag!
2. Alles Gute zum Muttertag!
3. Frohe Ostern!
4. Fröhliche Weihnachten!
5. Herzlichen Glückwunsch zum Geburtstag!
6. Gute Wünsche zum Hochzeitstag!

14 Write complete sentences telling the birthdays of the following people.

BEISPIEL Woody Allen, 1.12.
Woody Allen hat am ersten Dezember Geburtstag.

1. Ludwig van Beethoven, 17.12.
Beethoven hat am siebzehnten Dezember Geburtstag.

2. Johann Sebastian Bach, 21.3.
Bach hat am einundzwanzigsten März Geburtstag.

3. Günter Grass, 16.10.
Grass hat am sechzehnten Oktober Geburtstag.

4. Steffi Graf, 14.6.
Graf hat am vierzehnten Juni Geburtstag.

5. Christa Wolf, 18.3.
Wolf hat am achzehnten März Geburtstag.

15 Write complete sentences telling your birth date and the birth dates of three other people.

BEISPIEL Ich habe am siebenundzwanzigsten September Geburtstag.

1. Answers will vary.
2.
3.
4.

KAPITEL 11 Zweite Stufe

Name _____ Klasse _____ Datum _____

Dritte Stufe

16 You have been asked to distribute the following gift items to your aunt, your mother, your father, your best friend, and your grandfather. What will you give to whom?

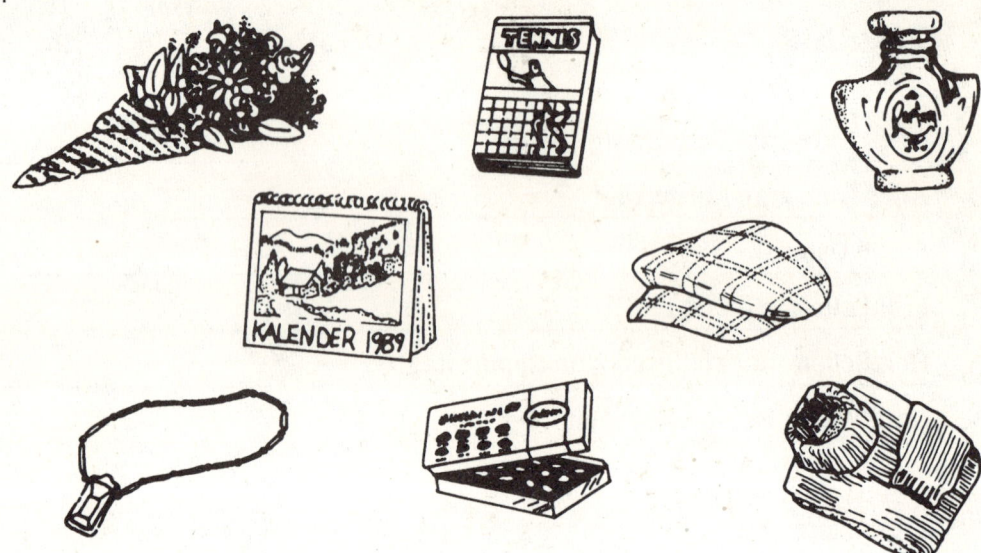

Answers will vary. Possible answers:

Vater: Ich schenke meinem Vater ein Buch über Tennis.

Mutter: Ich schenke meiner Mutter Parfüm.

Tante: Ich schenke meiner Tante Pralinen.

Freund/in: Ich schenke meinem Freund / meiner Freundin einen Kalender.

Opa: Ich schenke meinem Opa einen Pulli.

17 Say which of the two items you would like to give to each person listed.

BEISPIEL Schwester: eine CD von Bach/Parfüm
Ich möchte meiner Schwester eine CD von Bach schenken.

1. meinem Vater: ein Hemd / Abendessen für zwei bei McDonalds **Answers will vary. Possible answers:**
Ich möchte meinem Vater ein Hemd schenken.

2. meinem kleinen Bruder: eine Kassette / ein Fahrrad
Ich möchte meinem kleinen Bruder ein Fahrrad schenken.

3. meinem Deutschlehrer/meiner Deutschlehrerin: ein Sachbuch über deutsche Geschichte / einen Apfel
Ich möchte meiner Deutschlehrerin einen Apfel schenken.

4. meinem besten Freund/meiner besten Freundin: eine CD / ein chinesisches Wörterbuch
Ich möchte meiner besten Freundin ein chinesisches Wörterbuch schenken.

Name _____ Klasse _____ Datum _____

18 Write down what you want for your birthday and say why.

  Answers will vary.
  _____
  _____
  _____

19 Sabine and Christoph are talking about Christmas gifts. Complete their conversation by filling in the missing words.

> deiner   ihm   deinem
> meiner   ihr

SABINE Was schenkst du __deinem__ Vater zu Weihnachten, Christoph?

CHRISTOPH Ich weiß noch nicht. Was soll ich __ihm__ schenken?

SABINE Vielleicht eine CD oder Kassette, oder einen Kalender.

CHRISTOPH Gute Idee. Was schenkst du __deiner__ Mutter?

SABINE Was ich __meiner__ Mutter schenke? Das ist leicht! ... Ich habe keine Ahnung, was ich __ihr__ schenken soll. Und du?

CHRISTOPH Auch keine Ahnung.

20 Answer each question by putting the sentence elements in order.

1. Was schenkst du deiner Mutter?
   Ich / ihr / eine Armbanduhr / schenke
   Ich schenke ihr eine Armbanduhr.

2. Was möchte Hans meinem Bruder schenken?
   eine Kassette / möchte / Er / ihm / schenken
   Er möchte ihm eine Kassette schenken.

3. Was will Frau Möller der Deutschklasse schenken?
   Sie / Bücher auf Deutsch / der Deutschklasse / schenken / will
   Sie will der Deutschklasse Bücher auf Deutsch schenken.

4. Was will deine Schwester deiner Mutter schenken?
   will / meiner Mutter / Meine Schwester / ein neues Auto / schenken
   Meine Schwester will meiner Mutter ein neues Auto schenken.

KAPITEL 11 Dritte Stufe

21 Max is telling Susanne what he's giving various people, but Susanne is having trouble hearing him. Complete their conversation by filling in the missing words.

> ihm   wem   ihr

MAX Ich schenke meinem Vater einen Staubsauger für die Garage.
SUSANNE *Was* schenkst du __ihm__?
MAX Einen Staubsauger. Und ich schenke meiner Mutter eine Kassette von Paul Simon.
SUSANNE __Wem__ schenkst du die Kassette?
MAX Meiner Mutter. Und ich schenke meiner Schwester Parfüm.
SUSANNE *Was* schenkst du __ihr__?
MAX Parfüm! Und ich schenke meinem Freund Heiko eine CD von Grönemeyer.
SUSANNE __Wem__ schenkst du die?
MAX Meinem Freund!
SUSANNE Du schenkst __ihm__ *was*?
MAX Eine CD! Vielleicht sollst du mal besser zuhören!

22 You are working at a gift store, and several teenagers are shopping for gifts for family members. Make gift suggestions using the expression **du kannst**.

BEISPIEL Was soll ich meinem Bruder schenken?
Du kannst ihm einen Fußball schenken.

1. Was soll ich meiner Oma schenken?   **Answers will vary. Possible answers:**
   Du kannst ihr Parfüm schenken.

2. Was soll ich meinem Vater schenken?
   Du kannst ihm ein Hemd schenken.

3. Was soll ich meiner Tante schenken?
   Du kannst ihr Pralinen schenken.

4. Was soll ich meinem Freund schenken?
   Du kannst ihm eine CD schenken.

5. Was soll ich meiner Schwester schenken?
   Du kannst ihr ein Poster schenken.

Zum Lesen

23 a. The following letter is from Jürgen, a German exchange student in Texas, to his parents. Read Jürgen's letter and then answer the questions that follow.

> *Liebe Mutti, lieber Vati,*
> *wie ihr wisst, war ja mein Geburtstag am 21. Meine Gasteltern haben mir eine Geburtstagsfete gegeben. Es war echt toll! Ich habe viele schöne Geschenke bekommen: ein paar Kassetten, ein Texas T-Shirt von Tom, und einige aus der Schule haben zusammen eine Karte fürs U2 Konzert gekauft! Ich habe auch zwei ganz besondere Geschenke bekommen, und zwar von Mikey, dem sechsjährigen Kind von nebenan. Er hat sie selbst für mich gekauft. Das eine ist ein T-Shirt mit Barney darauf, dieser riesige lila Dinosaurier vom Fernsehen, der bei den amerikanischen Kindern sehr beliebt ist. Das T-Shirt ist natürlich viel zu klein, es passt Mikey aber perfekt! Das andere Geschenk von Mikey ist eine Barney Kassette, mit Liedern von diesem Dinosaurier.*
> *Nächste Woche hat Mikey Geburtstag - er wird 7. Ich werde ihm das Barney T-Shirt zurückschenken; ich kann es selbst natürlich nicht benutzen. Die Kassette kann ich der kleinen Susi von nebenan schenken, wenn ich wieder nach Hause komme. Vielleicht kann sie ein bisschen Englisch lernen. Man kann nie zu früh mit einer Fremdsprache anfangen!*
> *Alles in allem war es ein sehr schöner Geburtstag. Es war nur schade, dass ihr nicht dabei wart.*
> *Euer Jürgen*

1. Wer hat am 21. Geburtstag? **Jürgen**

2. Welche Geschenke hat er von seinen Freunden bekommen?
   Kassetten, T-Shirt, eine U2 Karte

3. Wer hat ihm die U2 Karte geschenkt? **einige aus der Schule**

4. Was hat Mikey ihm geschenkt? **ein Barney T-Shirt und eine Barney Kassette**

5. Wem schenkt Jürgen das Barney T-Shirt? **Mikey**
   Warum? **Es ist zu klein für Jürgen, aber es passt Mikey.**

6. Wem schenkt er die Barney Kassette? **Susi**
   Warum? **Sie kann vielleicht ein bisschen Englisch lernen.**

b. Imagine that you are an exchange student in Germany. What kinds of gifts would you like to get most? Why?
Answers will vary.

Name _____ Klasse _____ Datum _____

■ Landeskunde

24 Using the telephone in Germany is not much different from using the telephone in the United States. It is important, however, to know the German words for using the phone.

a. Answer the following questions, based on your knowledge of how to use the phone in Germany.

1. What is the German word for a local call? **ein Ortsgespräch**
2. What is the German word for a long-distance call? **ein Ferngespräch**
3. What is the German word for "area code?" **die Vorwahlnummer**
4. A phone card is called in German: **eine Telefonkarte**
5. For a cell phone Germans use an English word: **ein Handy**
6. For a phone call you can use three different means of payment (use the German words):
   eine Telefonkarte, Münzen, eine Kreditkarte

b. You are wanting to make a phone call to the United States from Germany. You dial the area code and phone number but don't get through. What's probably wrong?

You forgot to dial the international Vorwahlnummer.

Name _____ Klasse _____ Datum _____

KAPITEL 12 Die Fete

■ Los geht's!

1 Write a conversation for the scene below.

Answers will vary.

Name _____ Klasse _____ Datum _____

■ Erste Stufe

2 The Meyer family has just decided how to divide up all the housework. Jan is going to do everything in the kitchen except the cooking. Her mother is going to do all the cleaning except in the kitchen and she won't wash the windows. Her father is going to do all the cooking and shopping, as well as the windows. Divide up the following jobs and write them on the lists for the appropriate people.

> den Tisch decken einkaufen gehen das Geschirr spülen den Tisch abräumen
> den Müll sortieren die Fenster putzen die Zimmer aufräumen
> Staub saugen das Essen kochen

Jan:	Mutti:	Vati:
den Tisch decken	Staub saugen	das Essen kochen
den Tisch abräumen	die Zimmer aufräumen	die Fenster putzen
das Geschirr spülen	einkaufen gehen	
den Müll sortieren		

3 Harald, Gerta, and Roland are planning a party. Read their conversation and then put a check in the appropriate column in the chart on the next page to indicate who's going to do what.

HARALD Okay, Gerta, wir machen die Fete bei dir. Kannst du den Kuchen backen?
GERTA Ja, ich möchte den Kuchen backen, aber es gibt auch viel Hausarbeit, und ich kann nicht alles machen.
ROLAND Wir können mit der Hausarbeit helfen. Was muss alles gemacht werden?
GERTA Wir müssen die Zimmer aufräumen, die Fenster putzen, Staub wischen und Staub saugen. Und dann nach der Fete müssen wir wieder aufräumen, das Geschirr spülen, den Müll sortieren und so weiter und so fort.
HARALD Und wir sollen auch etwas zum Essen machen. Wir können doch nicht nur Kuchen essen, oder?
GERTA Ach ja. Was sollen wir kochen? Es muss schnell und einfach sein.
ROLAND Vielleicht Bratwurst und Kartoffeln? Mit Zwiebeln?
HARALD Oder Spaghetti, das ist immer einfach. Das heißt aber, dass jemand einkaufen gehen muss. Also, aufräumen, putzen, Staub saugen, einkaufen, kochen und backen. Wer macht was?
GERTA Ich habe schon gesagt, dass ich den Kuchen backen will. Und ich kann auch vor der Fete aufräumen.
ROLAND Okay. Ich kann Staub wischen und saugen. Und dann kann ich einkaufen gehen, aber ich warne euch, ich bin kein Koch. Niemand will essen, was ich koche!
HARALD Das macht nichts, ich kann kochen. Sagt mal, wie wäre es mit Pizza? Ich bin wirklich ein guter Pizzabäcker! Wenn ihr mal meine Pizza esst, wollt ihr nie wieder Pizza im Restaurant bestellen!
ROLAND Okay, du kannst wohl die Pizza machen, aber Harald, du musst auch die Fenster putzen. Und nachher können wir alle mithelfen, alles wieder in Ordnung zu bringen. Geht das?
GERTA Ja, klar. Fangen wir jetzt an!

Name _____ Klasse _____ Datum _____

	Gerta	Harald	Roland	Alle
den Kuchen backen	✔			
die Zimmer aufräumen	✔			
die Fenster putzen		✔		
Staub wischen			✔	
Staub saugen			✔	
Pizza backen		✔		
einkaufen gehen			✔	
Geschirr spülen				✔

4 Describe your favorite meal.

a. What ingredients will you need? Write a list.

Answers will vary.

_____
_____
_____
_____

b. How would you cook it? What do you do first, second, third ...? How long do you cook or bake it?

Answers will vary.

_____
_____
_____
_____
_____

5 Use the forms of **können** missing from the dialogues to complete the puzzle. (Remember that the umlaut **ö** = **OE**.)

waagerecht (*horizontal*)

KINDER Mutti, __1__ wir nicht morgen in den Zoo gehen?
MUTTI Nein Kinder, ich __2__ nicht. Aber ihr __3__ euren Vater fragen. Er hat vielleicht Zeit.

senkrecht (*vertical*)

KIND Mutti, __1__ du Hannes anrufen? Ich möchte mit ihm spielen.
MUTTI Nein, Hannes __2__ heute nicht mit dir spielen, weil er in Amerika ist. Vielleicht __3__ seine Geschwister mit dir spielen.

German 1 Komm mit!, Chapter 12

Name _____ Klasse _____ Datum _____

6 Use **für** and the accusative case to say for whom you would like to buy the items listed.

> Freund Oma Vater Mutter Deutschlehrer/in Bruder Opa Freundin Schwester

BEISPIEL eine Armbanduhr: **Ich kaufe eine Armbanduhr für meinen Bruder.** Answers will vary.
Possible answers:

1. eine Motown CD: **Ich kaufe eine Motown CD für meine Freundin.**

2. ein Poster von Arnold Schwarzenegger:
   Ich kaufe ein Poster von Arnold Schwarzenegger für meine Mutter.

3. Pralinen: **Ich kaufe Pralinen für meinen Vater.**

4. ein teures Abendessen: **Ich kaufe ein teures Abendessen für meine Mutter.**

5. eine Opernkarte: **Ich kaufe eine Opernkarte für meinen Opa.**

7 Write out the following questions using the verb **können**.

BEISPIEL bei uns essen / ihr   **Könnt ihr bei uns essen?**

1. du / den Müll sortieren **Kannst du den Müll sortieren?**

2. Liese / Spaghetti kochen **Kann Liese Spaghetti kochen?**

3. wir / ein neues Auto kaufen **Können wir ein neues Auto kaufen?**

4. Jakob und Stefan / das Geschirr spülen
   Können Jakob und Stefan das Geschirr spülen?

5. ich / ein Eis kaufen **Kann ich ein Eis kaufen?**

8 Put the two halves of the following sentences together using the correct form of the verb **wissen**. Use **wo** to connect the two halves.

BEISPIEL wissen / ich / nicht // die Post / ist **Ich weiß nicht, wo die Post ist.**

1. wissen / Sie // die Bank / ist?
   Wissen Sie, wo die Bank ist?

2. ihr / nicht / wissen // ich / bin!
   Ihr wisst nicht, wo ich bin!

3. Michael / wissen // Katrin / ist?
   Weiß Michael, wo Katrin ist?

4. du / nicht / wissen // Tanja / ist!
   Du weißt nicht, wo Tanja ist!

5. wir / wissen / wollen // du / bist!
   Wir wollen wissen, wo du bist!

Zweite Stufe

9 Was möchtest du gern zum Geburtstag haben? Schreib eine Liste!

Answers will vary.

---

10 What do you prefer?

BEISPIEL   ein Hemd aus Seide oder aus Baumwolle?
Ich mag lieber ein Hemd aus Baumwolle.

1. eine gestreifte oder gepunktete Hose?   Answers will vary. Possible answers:
   Ich mag lieber eine gestreifte Hose.

2. eine Kette aus Gold oder eine Kette aus Silber?
   Ich mag lieber eine Kette aus Gold.

3. eine Hose aus Baumwolle oder aus Leder?
   Ich mag lieber eine Hose aus Baumwolle.

4. rote Schuhe oder schwarze Schuhe?
   Ich mag lieber schwarze Schuhe.

11 Congratulations! You have won an all-expenses-paid, two-day/one-night trip for two to the city of your choice! Write the company and tell them where you would like to go, what you would like to do, where you would like to stay, and whom you would like to take along.

Answers will vary.

12 Bastian and Kali are trying to arrange to do something together, but they have previous obligations. Fill in the missing forms of **wollen** or **müssen**.

BASTIAN Kali, __willst__ du mit mir heute Abend ins Kino gehen?

KALI Ich kann nicht, ich __muss__ zu Hause bleiben, weil der Chef meines Vaters bei uns zu Abend isst. Ich __will__ aber morgen in den Zoo gehen. Kommst du mit?

BASTIAN Nein, ich __muss__ mit meinem Vater die Garage aufräumen.

KALI Na ja. Hast du am Sonntag Zeit?

BASTIAN Ja. Was __wollen__ wir tun?

KALI Ich __will__ in den Park gehen. Aber ich will ziemlich früh wieder zu Hause sein. Ich __muss__ nämlich meine Hausaufgaben machen.

BASTIAN Klar. Das __müssen__ wir beide machen.

13 Gisela and Ursula are somewhere in the middle of the stadium where U2 is giving a concert. Complete their conversation by filling in the missing pronouns from the box below.

NOTE: ansehen (sep) = to look at

> mich uns ihn
> dich euch sie

GISELA Du, Ursula! Hast du das gesehen? Er sieht __mich__ gerade an!!!

URSULA Wer? Wo?

GISELA Er! Bono!

URSULA Quatsch! Er hat __dich__ nie angesehen!

GISELA Doch! Und jetzt, schau mal, er sieht __uns__ beide an!

URSULA Gisela, das ist Unsinn! Von hier können wir __ihn__ gar nicht sehen! Wie könnte er __uns__ sehen?

GISELA Ich habe gehört, er hat sehr gute Augen.

MÄDCHEN, DAS NEBEN IHR STEHT

Habt ihr das gesehen? Bono hat __euch__ beide gerade in die Augen geschaut!!

14 Fritz and Claudia are talking about their Christmas gifts. Complete their conversation by filling in the correct form of **mein** or **dein**.

CLAUDIA Fritz, was kaufst du alles zu Weihnachten?

FRITZ Ich kaufe __meiner__ Schwester eine Kassette und __meinem__ Bruder ein Poster. Ich weiß nicht, was ich __meiner__ Mutter kaufen soll. Was kaufst du __deiner__ Mutter?

CLAUDIA Ich weiß noch nicht. Vielleicht eine CD. Was kaufst du __deinem__ Vater?

FRITZ Eine Karte zu einem Fußballspiel.

CLAUDIA Das ist eine gute Idee!

15 Use dative pronouns to tell what you are going to give each of the people listed for their birthday.

BEISPIEL **deiner Oma** Ich kaufe ihr einen Blumenstrauß.

1. deiner Mutter Ich kaufe ihr ...
2. deinem Vater Ich kaufe ihm ...
3. deinem Freund Ich kaufe ihm ...
4. deiner Freundin Ich kaufe ihr ...
5. deinen Großeltern Ich kaufe ihnen ...

Name _____ Klasse _____ Datum _____

■ Dritte Stufe

16 Find the nine words related to household furnishings in the puzzle below.

SOFA
LAMPE
TEPPICH
SESSEL
ESSTISCH
KÜHLSCHRANK
HERD
OFEN
SPÜLBECKEN

```
K Y S V K N H E Z R X I V C S
I A F O S N I E O F E N H C E
S I I E D H H R A R S E C S S
N E K C E B L Ü P S S Ü I W S
V E E R E E H N P H T N P M E
T A D B P T K H G R I E P F L
B R N M Z X T E S I S M E L H
N D A Y E E E Z I S C D T P N
E L E K K Ü H L S C H R A N K
```

17 The movers need help deciding where to put all the furniture. Sort it out for them by writing lists for each room: **Küche, Wohnzimmer, Esszimmer, Schlafzimmer.**

Küche	Wohnzimmer	Esszimmer	Schlafzimmer
Kühlschrank	Sessel	Esstisch	Lampe
Herd	Lampe		Bett
	Sofa		Schrank

18 Write a letter to a potential pen pal describing yourself and your life. Include such things as your name, age, place of residence, and interests.

Answers will vary.

Name _____ Klasse _____ Datum _____

19 Marta and Tanja are talking about furniture. Complete their conversation by supplying the missing articles and pronouns.

> die   sie   keine   ein   kein   es   den   der
> er   ihn   das   eine   keinen   einen

MARTA Habt ihr moderne oder alte Möbel zu Hause, Tanja?

TANJA Unsere Möbel sind alle ziemlich neu.

MARTA Was für moderne Möbel habt ihr?

TANJA Wir haben __einen__ Tisch in der Küche und __einen__ Esstisch auch. Wir haben __einen__ Sessel und __ein__ Sofa. Ich mag __das__ Sofa aber nicht. __Es__ ist sehr unbequem. Habt ihr moderne Möbel?

MARTA Nein, unsere Möbel sind fast alle ziemlich alt. __Der__ Teppich kommt aus dem Irak irgendwo; __er__ ist wirklich schön. Wir haben auch __einen__ alten Sessel. __Er__ ist sehr schön. __Das__ Sofa ist sehr alt, aber __es__ ist auch sehr bequem.

20 Rewrite Tom's essay, replacing unnecessarily repeated nouns with the appropriate pronouns.

Mein bester Freund heißt Jürgen. Jürgen kommt aus Deutschland, aber dieses Jahr wohnt er hier in Kansas bei der Familie Gardner. Die Gardners haben viele schöne alte Möbel. Der Herd, zum Beispiel, ist sehr alt. Der Herd ist schon 46 Jahre alt, aber der Herd funktioniert wie neu. Sie haben eine alte Lampe im Wohnzimmer. Die Lampe ist grün und gelb. Der Esstisch ist auch sehr interessant. Der Esstisch ist rund, und der Esstisch ist fast 150 Jahre alt! Bei mir zu Hause sind die Möbel alle neu und ziemlich uninteressant. Die Möbel sind fast alle aus Kunststoff.

Mein bester Freund heißt Jürgen. Er kommt aus Deutschland, aber dieses Jahr wohnt er hier in Kansas bei der Familie Gardner. Sie haben viele schöne alte Möbel. Der Herd, zum Beispiel, ist sehr alt. Er ist schon 46 Jahre alt, aber er funktioniert wie neu. Sie haben eine alte Lampe im Wohnzimmer. Sie ist grün und gelb. Der Esstisch ist auch sehr interessant. Er ist rund, und er ist fast 150 Jahre alt! Bei mir zu Hause sind die Möbel alle neu und ziemlich uninteressant. Sie sind fast alle aus Kunstoff.

German 1 Komm mit!, Chapter 12   Übungsheft, Teacher's Edition

Name _____ Klasse _____ Datum _____

21 Bastian and Kali are trying to arrange some time to get together, but both have other things to do. Fill in their conversation with the correct forms of **möchten** and **sollen**.

BASTIAN Kali, __möchtest__ du nach der Schule mit mir Tennis spielen?

KALI Ich __möchte__ gern Tennis spielen, aber ich __soll__ nach Hause gehen und zuerst meine Hausaufgaben machen. Aber ich kann das morgen nach der Schule machen. __Möchtest__ du morgen Tennis spielen?

BASTIAN Vielleicht, aber mein Vater arbeitet morgen im Garten.

KALI ... und ihr __sollt__ das zusammen machen.

BASTIAN Ja, ich __möchte__ unbedingt am Mittwoch ins Café gehen.

KALI Okay, aber du __sollst__ kein Eis essen. Sonst wirst du dick!

22 A friend offers you more of the foods and beverages listed below. Use the **möchte**-forms and **noch ein** to say that you would like more.

BEISPIEL   Apfel   Ja, ich möchte noch einen Apfel, bitte!

1. Eis   Ja, ich möchte noch ein Eis, bitte!
2. Cola   Ja, ich möchte noch eine Cola, bitte!
3. Bratwurst   Ja, ich möchte noch eine Bratwurst.

23 Your friend also offers you some things you don't want more of. Use **möchten** and **kein...mehr** to politely decline.

BEISPIEL   Bratwurst   Nein danke, ich möchte keine Bratwurst mehr.

1. Orangensaft   Nein danke, ich möchte keinen Orangensaft mehr.
2. Kuchen   Nein danke, ich möchte keinen Kuchen mehr.
3. Tee   Nein danke, ich möchte keinen Tee mehr.

Zum Lesen

24 Read the following texts and then complete the activities that follow.

Gebundene Kartoffelsuppe	Kartoffeln waschen, schälen, und klein schneiden. Suppengemüse waschen, putzen, klein schneiden, mit klein geschnittenen Zwiebeln andünsten, mit Mehl bestäuben, mit Fleischbrühe auffüllen, etwa 1/2 Stunde kochen und mit den Gewürzen abschmecken.	**Frikadellen**	Die Semmeln in Wasser einweichen und ausdrücken. Alle Zutaten vermischen und flache Frikadellen formen. In nicht zu heißem Fett gut durch und braun braten. Mit Kartoffelsalat und grünem Salat servieren.

500 g Kartoffeln
30 g Fett
Suppengemüse
Zwiebel
30-40 g Mehl
1 1/2 l Fleischbrühe
Salz
Majoran und
   Petersilie
		750 g Hackfleisch
		2 alte Semmeln
		2-3 Eier
		1 gehackte Zwiebel
		2 Eßlöffel gehackte
		   Petersilie
		1 Prise Majoran
		   und Basilikum
		Salz
		40 g Fett	

a. Answer the following questions based on the reading.

1. What kind of texts are these? How do you know?
   They are recipes. You can tell from the recipe format.

2. To what American dish is the first recipe similar? **Potato soup**

3. To what American dish is the second recipe similar?
   Hamburgers or meat loaf or chopped steak

b. Use your background knowledge and the context to determine the meaning of the circled verbs below.

1. Kartoffeln waschen, (schälen,) klein schneiden. **schälen: to peel**

2. Die Semmeln in Wasser (einweichen) und ausdrücken. **einweichen: to soak**

3. Alle Zutaten (vermischen.) **vermischen: to mix together.**

c. Where would you have to go to buy the ingredients for these two recipes if you liked to shop at specialty stores? Make a list telling what you would buy at each store.

Obst- und Gemüseladen	Metzgerei	Bäckerei	Supermarkt
Kartoffeln	Hackfleisch	Semmeln	Eier
Suppengemüse			Fett
Zwiebel or Kräuter			Salz
Petersilie			Pfeffer
Majoran			Fleischbrühe
Basilikum			

Name _____ Klasse _____ Datum _____

■ Landeskunde

25 Read the following situation. Based on your cultural knowledge of the German-speaking countries, explain what happened.

> You help your friend in Heidelberg clean up his house for a party on the weekend so all his friends can meet you. You start by picking up the kitchen trash and throwing it in the trash can outside. Your friend notices this and seems upset. What do you think you did wrong? Why would he be upset? What should you have done?

Young people in Germany are generally very concerned about the environment. Most families sort their garbage for recycling, thus decreasing the amount of garbage for the household.

_____

_____

_____

26 Now that you are at the end of the textbook, you have learned a lot about German culture. What are some distinct differences between young people in Germany and the United States?

Answers will vary.

_____

_____

_____

_____

_____

Für mein Notizbuch

Name _____ Klasse _____ Datum _____

■ Für mein Notizbuch

Name _____ Klasse _____ Datum _____

■ Für mein Notizbuch

Name _____ Klasse _____ Datum _____

■ Für mein Notizbuch

Name _____ Klasse _____ Datum _____

■ Für mein Notizbuch

Name _____ Klasse _____ Datum _____

■ Für mein Notizbuch

Name _____ Klasse _____ Datum _____

■ Für mein Notizbuch

Name _____ Klasse _____ Datum _____

■ Für mein Notizbuch

Name _____ Klasse _____ Datum _____

■ Für mein Notizbuch

Name _____ Klasse _____ Datum _____

■ **Für mein Notizbuch**

Name _____ Klasse _____ Datum _____

■ Für mein Notizbuch

Name _____ Klasse _____ Datum _____

■ Für mein Notizbuch